LE TOUR DU MONDE

EN DEUX CENT QUARANTE JOURS

2e SÉRIE GRAND IN-8°.

Intérieur d'un temple chinois.

LE

TOUR DU MONDE

EN DEUX CENT QUARANTE JOURS

LA CHINE

PAR

ERNEST MICHEL

Docteur en droit, chevalier de Saint-Sylvestre,
Membre des Sociétés de Géographie de Lyon et de Paris, etc.

DIX-SEPT GRAVURES
d'après les dessins de M. de Boisroger

LIMOGES
EUGÈNE ARDANT ET Cie
ÉDITEURS.

PRÉFACE

Il n'y a pas bien longtemps, pour s'instruire, on faisait le tour de France ; aujourd'hui, c'est le tour du monde qu'il faut faire pour être de son époque. Généralement, on s'imagine qu'un tel voyage demande un courage héroïque, beaucoup de temps et surtout beaucoup d'argent ; c'est une erreur. Il fallait plus de fatigue, de temps et d'argent pour faire le tour de la France, il y a 50 ans, qu'il n'en faut aujourd'hui pour faire le tour du monde. Si nous allons vers l'Ouest, la traversée de l'Atlantique demande huit jours, celle du Continent américain sept, celle du Pacifique dix-huit ; et du Japon à Marseille, on vient en 40 jours : donc en tout soixante-treize jours ; moins de deux mois et demi pour franchir les vingt-cinq mille milles ou quarante-cinq mille kilomètres.

Les dangers de la mer ou des populations plus ou moins barbares ne sont pas redoutables ; il meurt moins de voyageurs par les accidents de mer que par ceux des chemins de fer, et les populations ne sont dangereuses que pour les imprudents qui les maltraitent.

Quant à la santé, le voyage est un excellent moyen de la fortifier.

Les navires qui sillonnent les grands Océans sont des châteaux flottants; on y jouit de tout le confortable et de toutes les distractions : bals, concerts, jeux de société; l'ennui y est inconnu. Les wagons américains sont des salons qu'on transforme en chambres pour la nuit; et aux Indes, outre le panka ou éventail mécanique, la double toiture, les persiennes et les vitres de couleurs, les fenêtres sont encore garnies, l'été, de branches odoriférantes; au moyen d'un ressort ingénieux, le mouvement des roues fait tomber sur elles une légère pluie dont l'évaporation rafraîchit et embaume. Donc, pas trop de fatigue à craindre et confortable partout.

Certes, il y a des excursions pénibles dans les montagnes du Japon, dans certaines parties de l'Hymalaya et dans l'intérieur de la Chine, mais elles ne sont pas plus difficiles que celles que nous offrent nos Alpes et nos Pyrénées.

Le Français, en général, réduit encore le monde au bassin de la Méditerranée ou à l'ancien continent; il ignore les ressources inexploitées qui, sur les divers points du globe, peuvent donner l'aisance et la richesse à de nombreuses familles. Les enfants, de leur côté, savent que le père et la mère ne sont que des usufruitiers, et qu'ils peuvent compter sur leur part de bien. Lorsqu'ils commencent à raisonner, ils font leurs calculs : J'aurai tant de milliers de francs de mon père, tant d'autres milliers de ma mère; ce n'est pas assez : il me faut un emploi qui produise tant; et ils entrent dans une administration.

Puisse ce livre montrer la facilité et l'utilité des

voyages! S'ils sont faits dans un esprit sérieux, l'observation et la comparaison feront tomber les préjugés, Les hautes classes, chez nous, voient, dans le commerce et dans l'industrie, quelque chose d'inférieur, et presque de déshonorant. Lorsqu'elles ont des biens, elles se contentent de voir leurs fils, presque toujours privés de fortes études, gérer ces biens; plus tard, ceux-ci les feront gérer par des tiers et iront en dépenser les rentes à Paris, où ils feront naufrage.

Une grande partie de la bourgeoisie pousse ses enfants dans les carrières administratives, après les études qu'exige un baccalauréat. Après trois ans de stage, un jeune homme, à 23 ans, gagnera 100 à 150 francs par mois; il en gagnera le double à 40 ans. Esclave du travail, il le sera des opinions d'un maître qui change à tout instant; il devra briguer sans cesse la faveur de tel député ou de tel ministre, et tout cela pour avoir, à la fin de ses jours, une pension de retraite de deux à trois mille francs. Comment s'étonner alors qu'on ne trouve presque plus d'hommes de caractères? Si ce jeune homme, ou son père pour lui, avait connu le globe, il aurait fait comme les Anglais, comme les Allemands et les Hollandais, il aurait trouvé, dans l'industrie et dans le commerce, une occupation honorable qui lui eût donné, non l'aisance mais la richesse, non l'esclavage mais la liberté. Aux États-Unis, les emplois administratifs sont le lot des courtes intelligences qui n'ont su ou pu se créer une carrière indépendante.

Aussi, si de l'autre côté de l'Océan, on connaît d'autres plaies, on ignore celle du fonctionnarisme.

Il est temps pour nous de voir notre infériorité et d'y porter remède. Lorsqu'on parcourt la surface du globe et qu'on voit partout l'Anglais, l'Américain et l'Allemand prendre pied à notre exclusion; lorsqu'on voit que, même là où nous étions parvenus à nous établir, nous sommes tous les jours supplantés par nos rivaux, que même, dans plusieurs de nos colonies, les affaires et le commerce sont en d'autres mains que les nôtres; lorsqu'on voit ce que pensent de nous les autres peuples, le chauvinisme baisse pour faire place à de tristes réflexions; les illusions disparaissent et on s'applique à l'étude des causes qui ont produit notre infériorité pour les paralyser et les détruire; en un mot, on sonde nos plaies sociales pour les guérir.

Ce que j'écris n'est que l'ensemble des notes de voyage prises sur place, au jour le jour, et adressées à ma famille; si l'arrangement méthodique fait défaut, l'impression du moment y est tout entière, et fait mieux ressortir la vérité des choses.

Dans deux précédents volumes, les lecteurs ont pu faire en ma compagnie la traversée de l'Atlantique, parcourir le Canada et les Etats-Unis, me suivre de San-Francisco au Japon, étudier ce curieux pays qui s'identifie si rapidement aux mœurs de la vieille Europe.

C'est maintenant à travers le Céleste empire que nous allons nous engager, pour nous diriger ensuite vers l'Hindoustan d'où aura lieu notre retour en France.

—

Le jeudi, 6 octobre, vers quatre heures du soir, j'abordai à Shangaï (page 11)

LA CHINE

CHAPITRE Ier

Shangaï. — Les Concessions européennes. — Zi-ga-Way. — La mer Jaune.

Le jeudi, 6 *octobre*, vers quatre heures du soir, j'abordai à Shangaï. Ma première visite fut pour la Poste et le Consulat, où j'ai trouvé les lettres de ma famille et de mes amis.

Après le bain et le dîner, je parcours la Concession française : quelques maisons européennes, beaucoup de maisons chinoises, partout de grands établissements pour les fumeurs d'opium. J'en visite un; la plupart des Célestiaux sont plongés dans le sommeil léthargique, qui leur procure de beaux rêves.

Le lendemain, grande fête pour l'Empire Chinois; c'est la fête d'automne; tous les habitants chôment. Pour moi, je vais visiter les églises et entendre la messe, à côté de l'hôtel. A droite sont les femmes, à gauche, les hommes. Quelques-uns font leur prière à haute voix, avec une cantilène à se boucher les oreilles. Le prêtre, à l'autel, est habillé en chinois, avec un bonnet à ailes pendantes, et les servants portent un chapeau de mandarin couvert de longs poils rouges.

Je passe à l'établissement; les Pères sont tous habillés en Chinois, et paraissent fort drôles avec leur queue très mince, comparée à la belle queue des indigènes; ils l'allongent avec de la soie. Le supérieur me fait visiter la maison; elle comprend un externat de cent dix élèves de toute nationalité : Anglais, Américains, Français, Hollandais, Portugais, Malais, Allemands, etc. La langue qu'on leur apprend est l'anglais; c'est la langue européenne parlée de préférence dans tout l'extrême-Orient.

Je fais une visite aux Pères Lazaristes qui ont ici une Procure. Le procureur, le Père Meugnot, m'accueille avec beaucoup de bonté; nous avons des connaissances communes en France.

Je me rends ensuite aux principales maisons de commerce, pour lesquelles j'apportais des lettres de recommandation. Monsieur Bell me retient à dîner et me présente à sa femme et à deux messieurs, dont l'un, M. Fearon, est le frère de madame Frazer, jeune femme avec laquelle je m'étais trouvé, durant le trajet de San-Francisco à Yokohama. Madame Bell a ici un garçon de quatre ans, et quatre autres en éducation à Londres. Elle est à Shangaï depuis treize ans; mais, chaque trois ou quatre ans, elle va revoir ses parents en Angleterre. Elle fait les honneurs de sa maison avec une grâce charmante.

Le dîner et le service sont princiers; par là, les commerçants se dédommagent un peu de la triste situation qu'ils subissent au milieu de la saleté chinoise.

Les Français, ici, comme presque partout à l'étranger, sont la plupart coiffeurs, boulangers, cuisiniers, hôteliers.

Le Père Tournade me conduit en voiture à Zi-ga-Way, à dix kilomètres dans la campagne. La route est bordée de cercueils posés sur le sol et de tombeaux formés de pyramides de terre. Les cercueils sont en bois, épais de dix centimètres, bien travaillés, souvent sculptés et dorés; ils coûtent de dix à cent piastres; (la piastre vaut 5 francs).

Chaque Chinois tient à avoir son cercueil et se le procure avant sa mort : Un fils bien élevé fait cadeau à son père d'un beau cercueil. Comme ils sont hermétiquement fermés, ils ne présentent pas de danger pour la santé publique, et on les laisse sur la route quelquefois des demi-siècles; on attend d'en avoir un grand nombre pour plus de solennité dans les funérailles.

Dernièrement, le père Tournade fut invité par une famille chrétienne à une cérémonie de ce genre. Il y avait huit cercueils : les grands-pères, grand'mères, etc., que personne des survivants n'avait connus.

Les parents font de grandes lamentations; ils rappellent l'âme des morts : « Reviens à nous, disent-ils avec d'abondantes larmes, nous te soignerons bien, nous te ferons de beaux habits. »

Les païens mettent toujours sur les cercueils des papiers d'argent en forme de lingots, afin que le mort puisse payer le passage de tous les fleuves, dans le grand voyage.

Lorsque le cercueil est déposé dans une fosse, on élève dessus une pyramide en terre plus ou moins grande; la campagne en est couverte.

A un certain endroit, nous voyons des débris de statues; ce sont les ruines du tombeau d'un célèbre mandarin qui vécut, il y a deux ou trois siècles, et qui fut converti au christianisme. Dix ans après sa mort, il fut condamné à la décapitation. C'est la plus grande infamie qu'on puisse subir en Chine, d'être ainsi décapité après la mort.

Dernièrement un Jésuite, depuis longtemps sous terre, fut décapité; mais la famille du mandarin avait été plus habile : elle avait construit, pour son illustre membre, vingt-cinq grands tombeaux en diverses parties de l'Empire; elle avait ainsi soustrait le corps et dépisté les autorités.

Par-ci par-là, nous remarquons certaines baraques à volets fermés; ce sont des fumeurs d'opium; il leur faut l'obscurité.

Nous apercevons aussi deux camps de soldats chinois, et dans le lointain une célèbre pagode à plusieurs étages. A une certaine distance se trouve, sur une colline, un pèlerinage renommé, où les chrétiens accourent tous les ans par milliers.

Mais nous voici à Zi-ga-Way.

C'est un ensemble d'établissements qui se sont développés peu à peu.

Au centre est un couvent de Carmélites venues de Laval. Il paraît qu'elles remplissent bien leur mission.

Zi-ga-Way réunit huit cents personnes. D'un côté sont les garçons : trois cents apprentis et cent étudiants parmi lesquels plusieurs païens.

Avec les petits sous de nos enfants de France, on ramasse ici des milliers de bébés dans les champs, dans les rues; mais, maintenant, ils sont le plus souvent apportés par les parents même aux établissements catholiques.

En général, ce sont des estropiés, bossus, aveugles, boiteux, ou des filles, dont les Chinois se débarrassent presque toujours; peu survivent; ceux qui paraissent forts sont mis en nourrice, moyennant trois francs par mois, ou sont nourris au biberon. Quand ils sont un peu grands, ils entrent à l'orphelinat, fréquentent l'école et, vers huit ou dix ans, on les met dans un atelier.

A Zi-ga-Way, il y a des ateliers de menuiserie, de sculpture et de peinture, de cordonnerie chinoise, de tailleurs, de lithographie et d'imprimerie européenne et chinoise.

J'ai vu faire à ces jeunes enfants de magnifiques statues en bois. Ils copient aussi sur toile, avec une exactitude remarquable, les tableaux de Raphaël et autres grands maîtres. Très forts pour l'imitation, ils le sont moins pour l'invention.

A l'imprimerie, j'ai vu tirer un journal hebdomadaire chinois à un sou.

Les Pères ont traduit Confucius en latin. L'ouvrage porte en regard le texte chinois. Le tout donne cinq beaux volumes in-8°. On reprochait aux Jésuites de ne plus faire rien de sérieux, contrairement à ce que leurs Pères avaient accompli ici dans les siècles passés : c'est pour répondre à ce reproche que vient de paraître ce travail remarquable.

Les Chinois impriment au moyen de planches stéréotypiques gravées sur bois des deux côtés. Ce système est employé à Zi-ga-Way, mais là on se sert aussi de caractères mobiles en plomb, et pour eux les cases sont innombrables ; les caractères chinois étant au nombre de plus de quatre-vingt mille, il faut en connaître au moins cinq mille pour savoir un peu lire.

Les cordonniers collent et recollent toutes sortes de vieilles toiles pour les semelles des souliers chinois ;

elles ont deux centimètres d'épaisseur; le dessus du soulier est en soie noire.

Nous passons au compartiment des filles. Elles sont quatre cents confiées à la direction des Sœurs. Ces religieuses ont un pensionnat qui compte cent élèves, dont quelques-unes encore païennes.

Les parents viennent, vers l'âge de sept ans, leur plier et casser les quatre petits doigts des pieds, ne laissant libre que l'orteil; et ils leur serrent les pieds de manière à les empêcher de croître. Une femme, sans les petits pieds, ne trouve pas à se marier. Ces pauvres enfants souffrent, pâlissent, contractent des plaies, des maladies, et quelquefois elles en meurent; en tous cas, elles restent estropiées pour la vie et marchent comme des canards. Les orphelines sont exemptes de ce martyre.

Les filles s'occupent de divers métiers, mais elles sont plus spécialement vouées au travail du coton. Elles l'égrennent, le cardent, le filent et le tissent. Elles font aussi de belles broderies de soie. Il n'y a pas de travail, difficile ou compliqué, qu'elles n'arrivent à imiter parfaitement; mais si on ne les prévient, elles copient aussi bien le défaut qui pourrait se trouver au modèle.

Les plus sages, parmi les jeunes filles orphelines, sont dressées comme catéchistes, et on leur apprend la médecine. On les établit deux par deux dans les villages; elles y font l'école, soignent les malades, surtout les enfants. Elles forment déjà ici une congrégation de quarante membres.

Celles qui sont appelées au mariage, épousent les orphelins; il y a déjà deux villages chrétiens autour de Zi-ga-Way. Les Pères donnent du travail à toutes ces familles.

Nous nous rendons à l'observatoire qui est un des plus complets du monde. Un Père français et un hollandais y consacrent tout leur temps. Leurs observations et leurs écrits sont prisés dans le monde savant. Ils venaient d'installer un magnifique météorographe, arrivé de Paris. Ils prévoient facilement les typhons, et en donnent avis aux navigateurs qui en tiennent compte. Un appareil fort ingénieux, placé dans une chambre obscure, au moyen de la photographie, cherche à pénétrer les mystères du magnétisme.

A la nuit, je rentre à Shangaï, à l'hôtel des Colonies, bien content de ma journée.

Le 8 *octobre,* le père Lazariste se fait mon *cicerone,* et me conduit à la Concession américaine visiter l'hôpital tenu par les Sœurs de Saint-Vincent de Paul. C'est plutôt une maison de santé.

En première classe, les malades ont une chambre séparée et payent trois taëls par jour (20 francs environ), soins, nourriture et médecin compris (la visite d'un médecin coûte ici 5 taëls, environ 35 francs). A la seconde classe on paye moitié moins, mais on est dans de petites salles à plusieurs lits. J'ai vu là des malades de toutes les nations; plusieurs avaient eu le choléra, et les survivants avaient été guéris par des injections de quinines dans les veines.

Nous passons au compartiment des Chinois et arrivons aux fumeurs d'opium. Il y en a qui n'ont pas encore vingt ans et qui sont déjà énervés par ce poison. Ils le fument pour faire de beaux rêves et recevoir une énergie factice; mais, après un certain temps, ils perdent l'appétit et languissent; on les guérit par l'*assa fœtida* et le quinquina, mais la guérison est plus difficile si, au lieu de fumer l'opium seulement, ils le prennent aussi en boisson. Cette drogue est fort chère : elle coûte 200 francs le kilogramme; en sorte qu'elle ruine, non seulement la santé, mais aussi la bourse.

A côté de l'hôpital, la pharmacie des Sœurs a une porte qui donne sur la rue, et une antichambre où les Chinois viennent tous les jours en grand nombre faire soigner leurs plaies et recevoir des remèdes.

Les Sœurs font tout cela gratuitement, et de plus, elles accueillent et soignent les plus malades dans une grande salle qui en contient une quarantaine. Elles n'ont aucune allocation pour ce service volontaire; elles y emploient leur superflu et les aumônes qu'elles recueillent; les lits sont toujours tous occupés; ils le seraient même si on en avait des centaines. Une Sœur chinoise assiste ses nationaux avec beaucoup de dévouement.

Au sortir de l'hôpital, je me rends au Comptoir d'escompte de Paris chercher de l'argent. On me propose la monnaie du pays : des lingots d'argent deux fois gros comme le poing. La monnaie nominale est le *taël*, qui vaut en ce moment 6 francs 44 centimes, mais elle n'a jamais été frappée. Je suis donc obligé de prendre un carnet de chèques; mais je ne sais combien j'ai, parce que le taël varie de valeur selon les provinces.

Impossible de porter de la petite monnaie du pays; une piastre (5 francs) vaut 1140 sapèques (1), de quoi charger un homme; il faudra que dans les diverses villes, je vende mes chèques à des banquiers chinois contre la monnaie qui aura cours dans ces villes. A Shangaï, le prix du taël varie chaque jour et le mandarin vient d'émettre une proclamation pour en défendre la spéculation.

Après midi, je vais rendre visite à monsieur Bourré, ministre de France à Pékin. Il est encore à table et ne peut me recevoir. Alors, je vais visiter la ville indigène.

Elle est entourée de grandes murailles crénelées.

Aux portes, on expose les pauvres prisonniers avec la cangue. Les rues sont étroites comme à Venise, mais sales et mal pavées; les maisons sont en bois et enfumées; le rez-de-chaussée est occupé par des magasins de toutes sortes.

Les restaurants étalent des comestibles peu appétissants : il faut boucher son nez. On vend des œufs salés de canard, si noirs qu'on les dirait pourris, et des poissons littéralement corrompus. Le Chinois trouve tout cela bon pour assaisonner son riz.

(1) Monnaie de cuivre ayant un trou carré au centre qui sert à les enfiler à une ficelle.

Je ne sais où dorment les gens, où résident les femmes qu'on ne voit presque pas.

Dans quelques rues, on voit un âne dans chaque magasin ; il paraît qu'il doit tourner certaines manivelles.

Nous traversons plusieurs pagodes ; elles ont toutes un four à côté. Les Chinois y brûlent les lettres qu'ils écrivent à leurs parents décédés.

Dans les endroits où il y a un peu de place, des jongleurs avalent toute sorte de choses et attirent les curieux.

Dans les maisons de thé, je ne vois pas fumer l'opium ; l'autorité chinoise le défend là où elle a juridiction.

Nous sortons de la ville et, après une demi-heure de marche dans le faubourg, nous arrivons à la cathédrale. Elle est solidement bâtie en briques et entourée de vastes bâtiments avec portiques ; là les Pères ont un petit séminaire avec quinze élèves et un externat avec deux cent cinquante écoliers ou écolières, car il y a deux mille chrétiens autour de la cathédrale. Le Père supérieur, qui est napolitain, nous fait visiter la maison.

Nous rebroussons chemin et arrivons à la rivière où je prends une barque qui me conduit au vaisseau-amiral la *Thémis ;* j'y voulais rendre visite à l'amiral Duperré, mais il était à terre.

9 *Octobre.* Ce matin, à neuf heures, notre petit vapeur de la Compagnie chinoise lève l'ancre ; et, me voici avec M. Cotteau, redescendant le Wang-poo,

branche du Yang-tzé-kiang ou rivière bleue, qui est toute jaune.

Bientôt, nous quittons le Wang-poo et nous entrons dans la grande rivière. C'est la plus importante de Chine; elle descend du Thibet, et arrive ici après 3,314 milles (environ 5,000 kilomètres) de parcours dans le Céleste Empire.

La rivière est parsemée de navires de guerre et de grands navires marchands, de toute nationalité. Les *mails-steamers* anglais et français sont plus grands que les navires de guerre.

Un grand nombre de jonques contiennent chacune toute une famille chinoise; c'est leur maison; la femme rame aussi bien que le mari. Ces jonques sont en partie couvertes comme les gondoles de Venise, et marchent au moyen d'une longue rame qui pivote au bord du bateau et dont le bout est retenu à la barque par une corde; cette rame est simplement balancée dans l'eau.

Sur les petites barques, l'homme se tient assis à l'arrière; et, de la main il dirige le gouvernail, pendant qu'avec les pieds, il fait marcher deux rames de forme presque européenne.

Comme moyen de transport, à Shangaï, j'ai trouvé quelques voitures avec chevaux; les djinrikisha importés du Japon et une brouette à grande roue, portant aux deux côtés un siège qui sert aux personnes ou aux marchandises. Le conducteur, au lieu de tirer de l'avant, pousse par derrière en portant les deux brancards suspendus à son cou au moyen d'une lanière. Lorsque le vent est favorable, la brouette, dans la campagne, est garnie d'une voile.

On se sert aussi de palanquins qui sont nos anciennes chaises-à-porteurs ; mais ici, les brancards reposent sur les épaules des deux porteurs, au lieu d'être suspendus à une lanière.

Shangaï compte une population de plusieurs centaines de mille habitants. Les Chinois pullulent comme une fourmilière aussi bien dans la ville indigène que sur les Concessions.

Ces Concessions sont des terrains accordés aux nations française, anglaise et américaine. Les quelques centaines d'Européens qui y habitent ont construit de belles maisons en pierre, et les terrains restants sont loués aux Chinois qui y élèvent leurs maisons de bois. Les rues sont assez larges, et elles s'entrecoupent à angle droit. Un conseil municipal, composé d'Européens, nommés à l'élection, a soin de tout ce qui concerne les Concessions.

Les Anglais, toujours pratiques, ont tracé et planté sur le terrain, au bord de la rivière, un magnifique jardin public ; défense est faite aux Chinois d'y entrer.

Les Allemands qui augmentent ici en nombre, tous les jours, pendant que les Français diminuent, sont en instance pour obtenir aussi une Concession.

L'eau qu'on boit est celle de la rivière, mais il faut la bouillir et la filtrer. Une compagnie installe, en ce moment, de grands travaux pour le filtrage en masse et la conduite de l'eau dans les maisons.

10 Octobre, dans la Mer Jaune.

Elle est bien baptisé cette mer; l'eau est toujours jaunie par la rivière Yang-tzé-kiang qui s'y déverse.

Le Hwang-Ho, Rivière Jaune qui, il y a quelques années, débouchait au sud du promontoire Shan-Tung, à quitté son lit en 1870, pour se jeter à 100 milles plus loin dans le golfe de Pé-chi-li; c'est là que nous la verrons demain. Elle vient aussi des montagnes du Thibet après un parcours de 2,620 milles (le mille terrestre anglais est d'environ 1600 mètres; le mille marin 1852 mètres).

Nous avons environ 800 milles marins de Shangaï à Tien-tsin; demain nous passerons le cap Shan-Tung pour arriver à Ché-fou; puis nous entrerons dans le Pei-Ho pour le remonter durant 50 milles jusqu'à Tien-tsin; nous comptons y arriver le jeudi 14 courant, pour repartir le lendemain pour Pékin.

Notre navire est rempli de missionnaires américains qui, avec leurs femmes, leurs enfants et leurs élèves, s'en vont à Ché-fou, Tien-tsin, Pékin. Tu pourras, sur la carte, suivre mon itinéraire.

Une quantité de petits oiseaux sont venus folâtrer sur nos mâts; imprudents! le navire les a portés en haute mer, et ils sont maintenant prisonniers. Ils courent partout sur le pont, mais un épervier vient les saisir jusque dans les cabines; aussi, maintenant, ils se cachent et attendent de revoir la terre pour s'y sauver.

La navigation a été pénible, toute la journée d'hier et toute la nuit (page 27)

CHAPITRE II

Ché-fou. — Le Pei-Ho. — Tien-tsin. — Route vers Pékin.

Ché-fou, 12 octobre 1881.

Voyage pénible.

A peine sortis de la Rivière Bleue, la mer, quoique assez calme, balançait fortement notre petit navire.

Hier, un vent très fort s'est levé et, pendant que nous doublions le cap Shantoung, le roulis était tel que nous étions obligés de bien nous cramponner pour ne pas être jetés à bas de nos lits.

Nous arrivons enfin à la rade de Ché-fou; nous passons devant deux navires de guerre allemands et, un peu plus loin, devant un navire de guerre hollandais qui fait l'exercice au canon. Hier soir, à cinq heures, nous jetions l'ancre devant Ché-fou.

Le port est bien garni de navires étrangers, y compris quelques grands steamers, deux monitors de guerre chinois et beaucoup de jonques. Quoique en rade, le navire balance fortement.

On nous déclare que l'état de la mer interdisant le débarquement et embarquement des marchandises, nous serons forcés de passer la nuit ici; il faut accepter ce qu'on ne peut empêcher.

Ce matin, à six heures, nous descendons à terre. Je parcours la ville et commence par grimper, avec M. Cotteau, sur un monticule garni d'une tourelle. De ce point la vue embrasse la rade, la ville, la mer et les montagnes environnantes.

Partout de vastes bâtiments protestants; on dirait qu'ils ont établi ici leur quartier général. Quelques-uns des Révérends sont venus ce matin à bord; ils étaient vêtus en chinois. Ils m'ont dit qu'ils prenaient ce costume pour être moins remarqués dans leurs voyages à l'intérieur. Je leur ai demandé s'ils étaient nombreux; ils m'ont répondu :

« Nous sommes plus de cent, en comptant nos femmes et nos enfants. »

Ce sont des Anglais; ils sont facilement reconnaissables à leur queue et barbe blonde.

Ché-fou compte dix à quinze mille habitants et une

centaine d'Européens ; sa bonne plage sablonneuse y attire les Européens de Shangaï pour les bains de mer, durant l'été.

La ville chinoise est horriblement sale et puante, comme partout. Le batelier qui nous conduit à terre ne s'est peut-être pas lavé de sa vie.

Neuf heures du matin. Nous voilà de nouveau en route ; nous avons 200 milles à parcourir pour arriver demain matin, à six heures, à la passe du Pei-Ho ; si nous manquons cette heure qui est celle de la marée, il nous faudra attendre la marée suivante.

Jeudi, 13 octobre.

Nous voici depuis quelques heures arrêtés au milieu de la rivière, attendant la marée pour continuer les vingt-deux milles qui nous restent à faire pour gagner Tien-tsin. Si l'eau arrive trop tard, l'obscurité nous empêchera de marcher dans les détours sinueux, constamment parsemés de jonques, et il nous faudra attendre le jour.

Je profite de ce contre-temps pour continuer mes notes :

La navigation a été pénible, toute la journée d'hier et toute la nuit.

Ce matin, à six heures, le capitaine, en se levant, s'est aperçu que le second s'était trompé de route et était allé trop au sud ; il doit donc ramener son navire au nord.

Enfin, nous arrivons à temps pour franchir la passe du Pei-Ho, quoique notre navire doive glisser sur la vase.

Une heure après, nous étions devant les forts de Taku. Ces fortifications en terre, élevées à droite et à gauche de l'embouchure du Pei-Ho, sont garnies de canons. Nos soldats ne purent les forcer une première fois en 1856; ils les prirent en 1857.

Le Pei-Ho est une petite rivière, ayant à peine cent à deux cents mètres de large et son cours trace de long zigzags dans une vaste plaine d'alluvion.

Un peu au-dessus des forts est la ville de Taku; mais, ici, villes et villages sont composés de maisons littéralement de boue. Elles ne peuvent résister longtemps à la pluie et, après chaque averse, elles sont en réparation.

Parmi les choses nouvelles qui se présentent à nos yeux, je remarque une grande quantité de moulins à vent d'un nouveau genre : une haute et légère charpente circulaire de huit mètres de diamètre environ soutient, sur un pivot, un moulinet dans lequel les voiles sont posées à distance, perpendiculairement, et tournent exactement comme les chevaux de bois dans nos foires.

La campagne est parsemée de tombeaux ou de reliefs en terre plus ou moins grands; les parents du défunt les réparent tous les ans.

Un peu plus loin, les champs sont bien cultivés; la population est très condensée et vient sur le bord de la rivière voir passer le navire; mais, les femmes, en général, se cachent.

Devant Ku-ko, village important, stationne une quantité de grandes jonques venues de Canton; elles mettent un an à faire le voyage, aller et retour. Leurs voiles sont en toile, mais tendues sur des bambous qui les traversent dans le sens de la largeur et distancés de vingt centimètres; ces bambous les tiennent raides et les empêchent de gonfler. Plusieurs de ces jonques ont la poupe ornée de dragons dorés.

Nous passons devant le fort de Hsein–chieng que les Chinois ont construit, il y a six ans, lorsqu'ils craignaient la guerre avec le Japon : il est en terre et a cinq milles de circonférence. Je doute fort que, en cas de guerre, il pût opposer une sérieuse résistance; une bien meilleure défense est la boue qui l'entoure et qui rend inaccessibles à l'artillerie les bords du Pei-Ho, véritable marais.

L'odeur insupportable de la Chine nous poursuit partout, même sur les rivières. Il nous faudrait toujours de l'eau de Cologne, dont je n'ai pas une goutte, et par surcroît, le navire est empesté par l'odeur d'opium que les Chinois fument à bord.

Nous avons toujours nos sept à huit missionnaires américains, avec leurs femmes et leurs enfants; quelques-uns de ces enfants sont bien élevés; d'autres grossiers, gourmands, insupportables.

L'un d'eux s'amusait, ce matin, à contrefaire les cris des coolies qui chantaient sur une grosse jonque, en faisant des efforts pour lever l'ancre; ce n'est pas bien s'y prendre pour les convertir.

Parmi eux est une demoiselle à grosses joues et doctoresse; c'est-à-dire qu'elle a pris à Boston ses brevets de médecin, et vient dans la Chine soigner les âmes et les corps des personnes de son sexe.

Nous avons passé la nuit au milieu du fleuve, dans la boue, l'obscurité empêchant le navire d'avancer. Ce matin, le thermomètre marque neuf centigrades au-dessus de zéro; il fait froid.

A huit heures, nous reprenons notre course avec l'aide de la marée. A dix ou onze heures, nous espérons arriver à Tien-tsin, ville de neuf cent mille habitants, et capitale du Chi-li. C'est là qu'en 1870, le consul de France, les Sœurs de Saint-Vincent-de-Paul et les orphelines furent massacrés.

A peine arrivé, je mettrai cette lettre à la poste pour qu'elle ne souffre pas de retard. Nous ferons en sorte de partir aujourd'hui pour Pékin, si c'est possible.

Il est donc bien difficile à atteindre ce fameux Pékin!

Dans la Mer Jaune, 31 octobre 1881.

J'ai le journal de quinze jours à t'envoyer, mais je ne trouve pas le temps pour le rédiger; j'ai vu et appris tant de choses, durant mon séjour à Pékin, qu'il doit nécessairement être un peu long.

Je comptais sur les quelques jours de mer pour écrire, mais une affreuse tempête dans le golfe du

Pe-chi-li, m'a fortement éprouvé et a prolongé de trente-six heures notre voyage. Aujourd'hui, la mer est calme et, malgré la lourdeur de la tête, je prends la plume pour essayer de tracer ici ce que j'ai remarqué et ce qui m'est arrivé depuis le 14 courant.

Mon dernier journal, en effet, était daté de Tien-

Ces horribles voitures ne sont que de lourdes charrettes massives (page 31)

tsin, 14 octobre. A peine débarqué, je me rends avec M. Cotteau chez le consul de France.

C'était midi ; M. Dillon, homme d'élite sous tous les rapports, nous accueille avec bonté et envoie son petit François, gentil garçon de sept ans, dire à madame Dillon que deux Français viennent d'arriver et qu'elle mette deux couverts de plus. Madame Dillon, digne compagne de son mari, nous reçoit avec une grâce parfaite.

Pendant le déjeuner, le domestique du consul fut chargé de préparer le départ; il arrêta deux voitures pour quatre piastres et demie chacune.

Les voituriers promettaient de nous conduire à Pékin dans deux jours et de nous y faire arriver le dimanche à sept heures du matin, moyennant un schelling chacun pour boire. Ils demandaient qu'en route on eût patience et qu'on ne leur distribuât pas de coups de bâton.

Pour payer les auberges, nous leur remettons deux piastres, sauf à nous rendre compte; on leur dit les noms des deux villages où nous devons passer les deux nuits et nous voilà en route.

J'avais fait acheter du pain et quelques bouteilles de vin. Madame Dillon examine mon bagage et elle a compassion de moi : « vous allez, dit-elle, être gelé et brisé dans la voiture »; et elle me donne sa double et forte couverture de voyage, espèce de matelas de ouate.

A trois heures nous étions partis. Une heure durant, les voitures parcourent les faubourgs de Tien-tsin; impossible de dire un mot à nos conducteurs et de comprendre une de leurs paroles; nous sommes à leur merci; mais ils ont été fidèles.

Nous traversons un pays plat et monotone, toujours parsemé de monticules, de cercueils.

Dans les fermes, on bat encore le millet, on laboure, on sème le blé, partout on nous regarde avec étonnement.

A neuf heures, on nous dépose dans l'auberge d'un village, nommé Yang-tsoun, où nous réclamons deux chambres.

Les maisons sont bâties en boue et n'ont naturellement qu'un rez-de-chaussée; les chambres sont de petits compartiments dont la porte donne sur la cour où s'arrêtent les voitures; il n'y a point de fenêtres; la paroi extérieure est grillée en bois et couverte de papier blanc qui laisse passer le jour; l'intérieur est divisé en deux parties, l'une est surélevée de soixante-dix centimètres sur le pavé et recouverte en briques, avec une natte formée de petits roseaux aplatis : c'est le lit chinois. Le dessous est vide; l'hiver on y place des charbons qui font du lit une espèce de poêle.

Dans le jour, le lit sert de chaise, et un tabouret y fait fonction de table à manger.

Sur une escabelle de bois, on apporte une lampe à huile, consistant en une écuelle de faïence contenant de l'huile de ricin qui brûle au moyen d'une mèche, et répand une odeur infecte. Nous la renvoyons pour prendre la chandelle de suif de la lanterne de nos voitures.

Pour nourriture, on nous sert des petits morceaux de viande cuite à l'oignon; elle avait bonne apparence, mais assaisonnée à l'huile de ricin, elle était immangeable; nous nous contentons d'œufs à la coque et d'un pâté de foie gras que nous avions apporté du

Japon, puis, nous enlevons la table et nous nous étendons sur notre dure couche.

Il fut difficile de dormir; le froid nous saisissait.

A une heure du matin, les voituriers nous réveillent et nous font comprendre par signes qu'il faut partir. La lune brille au firmament, et laisse apparaître la gelée, çà et là dans les champs. Je m'enveloppe dans ma couverture, et à deux heures nous voilà en route.

A six heures, le soleil se lève radieux et nous laisse voir le même paysage que la veille.

Je pensais que vers huit heures on nous ferait déjeuner quelque part : vain espoir. A chaque village que nous recontrions, je croyais qu'on allait s'arrêter : il n'en fut rien.

Enfin, à onze heures je fais signe que j'ai faim et que je veux manger; on me fait comprendre, par geste, que nous allons arriver au relais. En effet, quelques instants après, nos voitures entrent dans la cour d'une auberge, au village de Ngan-pin. Là, nous demandons des œufs et mangeons une saucisse conservée en boîte, reste de mes provisions d'Arima.

Bon nombre de villageois accourent pour nous voir; nous fermons la porte de notre chambre, mais ils font avec le doigt des trous dans le papier pour nous regarder manger.

— A une heure, nous remontons en voiture. Déjà je compte si tous mes os sont en place, car ces horribles voitures ne sont que de lourdes charrettes massives, avec des roues très fortes et un essieu de bois; le dessus est surmonté d'un grillage de bois formant cabane, contre lequel le cahotement risque à tout instant de briser nos têtes. Les routes, en effet, ne sont pas entretenues et sont de vraies fondrières qui font faire à la voiture, sans ressorts, des sursauts continuels et terribles.

Le mieux est de se tenir sur le brancard, mais, le soir et le matin, on y gèle ; je fais alors une sorte de coussin élastique de mes petits bagages et m'y laisse balotter, veillant seulement à ce que ma tête ne frappe pas contre le grillage.

Ces voitures sont petites et ne contiennent qu'une personne ; le conducteur s'assied sur le brancard.

Le long de notre route, nous rencontrons souvent le Pei-ho qui décrit dans la plaine une succession de zigzags. Des jonques de diverses dimensions le remontent et le descendent.

Nous rencontrons souvent des mendiants presque nus poussant des cris, et demandant l'aumône ; j'en ai vu de tout à fait nus, et d'autres qui n'avaient sur eux qu'un lambeau de natte.

Beaucoup de vieilles femmes demandent aussi l'aumône, accroupies dans le chemin.

Vers le coucher du soleil, nos voitures nous déposent dans une auberge, au village de Yü-kia-ouey. C'est un grand village entouré de murs et traversé par un cours d'eau sur lequel on a jeté un beau pont.

Nous parcourons la principale rue pour sortir à l'autre bout et admirer le coucher du soleil, toujours fort beau dans ces pays : Je revois avec plaisir ces teintes gris-perle et ces nuances variées qui se déroulent chez nous sur la crête de l'Estérel.

Pendant que nous retournons à l'auberge, une longue queue de villageois s'est attachée à nos pas; ils nous observent avec curiosité.

Nous achetons quelques *caki* et autres fruits que nous faisons payer par nos voituriers, et nous prenons notre maigre souper. Puis, à mon grand chagrin, je vois que nous n'avons qu'une chambre pour nous deux : les autres sont toutes occupées.

Il me fut impossible de goûter un peu de repos sur la dure couche de brique; mais, à onze heures du soir, nos conducteurs étaient déjà prêts pour le départ, nous montrant la lune qui leur permet de voir le chemin.[1]

A minuit nous sommes en route; et cette fois, enveloppé dans ma couverture, je m'étais endormi dans la charrette, lorsque, à la pointe du jour, je suis réveillé par des bruits multiples : nous étions au milieu d'un camp de voitures, d'ânes, de mules, de chevaux, de chameaux, qui tous attendaient comme nous, l'ouverture de la porte de Pékin.

A six heures précises, la porte s'ouvre. Nous culbutons tout sur notre passage, au risque d'être brisés et foulés, et nous entrons des premiers.

Nous traversons la ville chinoise et longeons la rue des fleurs : on étalait tout le long une quantité de fleurs sèches dont les femmes chinoises aiment à envelopper leur coiffure; malheureusement, elles n'avaient point de senteur pour neutraliser la puanteur des amas de saletés répandues le long de la rue.

Nous arrivons à la muraille de la ville tartare; nous franchissons la porte gigantesque; et, à sept heures précises, nous sommes à l'hôtel Evrard, près la Légation de France.

Nos voituriers ont tenu parole ; ils s'en réjouissent et nous montrent le soleil pour nous dire qu'ils sont à l'heure indiquée.

Nous les payons et leur donnons un second pourboire, pour lequel ils nous font le *chinchin*, en réunissant les deux poignets et les portant au front et à la poitrine avec un profond *salamalec*.

Nous déjeunons, et à huit heures, nous nous rendons à la Légation de France.

La cloche nous avertit que la messe va être célébrée à la chapelle de la légation (page 40)

CHAPITRE III

Pékin. — La ville. — *Les Etablissements religieux.* — Préparatifs des funérailles de Si-taé-ho, impératrice de l'Est. — La Cour.

Nous sommes accueillis à la Légation par M. le vicomte de Semallé, second secrétaire d'ambassade. Le premier secrétaire et le Ministre, M. Bourrée, étaient en ce moment à Shangaï.

Monsieur de Semallé nous reçoit parfaitement, et comme il est amateur photographie, il nous montre la collection des photographies qu'il a faites des divers monuments de Pékin et des environs; puis l'immense collection de bibelots qu'il va achetant tous les jours.

Pendant ce temps, dix heures sonnent, la cloche nous avertit que la messe va être célébrée à la chapelle de la Légation et nous en profitons.

Après la messe, M. de Semallé me présente à M. Ristelhuebert, premier interprète au ministère d'Espagne, récemment arrivé, et à divers autres personnage dont j'oublie les noms.

Pendant que nous déjeunons à l'hôtel, M. Ristelhuebert nous envoie une lettre d'invitation pour dîner le soir chez lui. M. de Semallé nous avait retenus pour le lendemain.

A une heure, nous arrêtons, moyennant 5 francs par jour, un interprète, appellé Barthélémy OU; il a été élevé par les Lazaristes, et a servi longtemps à la Légation de France; il parle assez bien le français; de plus, il a le grade de lettré chinois et connaît bien les choses de son pays. Il est chrétien, marié à une Tartare chrétienne, et père de cinq filles; s'il était païen, il dirait qu'il n'a point d'enfants, car ici les filles ne comptent pas.

Barthélémy court louer une voiture et nous conduit à travers la ville.

Au bout d'une heure et demie, nous arrivons chez les Pères Lazaristes, au *Pé-tang*, (église du nord), où résident Mgr La Place et le Père Favier. Ce dernier est architecte, agriculteur, économe général, musicien, hommes d'affaires, etc. C'est lui qui a bâti, et qui bâtit les légations, églises, consulats, etc., c'est l'homme universel ; plein d'esprit, aimable et serviable, tous les étrangers s'adressent à lui.

Le procureur de Shangaï m'avait donné une lettre pour lui, et j'avais une carte du Père Pémartin, secrétaire général de la Congrégation. Je fus bien reçu.

Après quelques instants de conversation, le Père Favier nous invite à assister au salut où il doit tenir l'orgue. La vaste église du Pé-tang était presque remplie de Chinois chrétiens qui, à genoux sur les nattes, les hommes d'un côté, les femmes de l'autre, avaient une contenance fort recueillie.

Après le salut, le Père Favier nous présente à Mgr La Place, évêque du Chi-li. C'est un robuste vieillard qui est en Chine depuis 35 ans, et connaît bien son monde. Il se trouve être compatriote de M. Cotteau ; ils sont tous deux d'Auxerre et parlent longtemps de Monsieur un tel et de Madame une telle, qu'ils ont connus dans leur jeunesse.

M. Cotteau marchant difficilement à cause d'une plaie au pied, Mgr le conduit chez les Sœurs qui lui font un pansement. Ce grand ami de Paul Bert, se voyant ainsi soigné par les Sœurs de Saint-Vincent-de-Paul, est ému jusqu'aux larmes.

Il faudra renouveler le pansement tous les jours; l'hôtel est trop loin : Mgr invite M. Cotteau et moi à nous installer au Pé-tang. Nous renvoyons à demain pour voir comment se trouvera le pied.

Nous rentrons à l'hôtel de la Légation de France pour dîner. Madame Ristelhuebert, belle et grande jeune femme, fait les honneurs avec une grâce charmante. Il est bien tard quand nous rentrons chez nous.

Lundi 17 Octobre.

Le lundi matin, nous recevons la visite du père Favier. La plaie de M. Cotteau, résultat des fatigues de sa traversée de Sibérie, n'étant pas mieux, nous acceptons l'hospitalité et nous irons dans la soirée au Pé-tang.

Avant midi, nous étions à la Légation pour dîner chez M. de Semallé. Il était entouré d'une quantité de marchands de bibelots qui étalaient leurs bijoux, leurs étoffes et leurs peintures. Nous marchandons quelques objets; les prix sont ridiculement exagérés.

Après le déjeuner, Barthélémy nous conduit à l'ancien Observatoire. Il est adossé à la muraille de la ville tartare et contient encore, en parfait état de conservation, quoique en plein air, les beaux instruments de bronze construits au XVIIe siècle. De ce point élevé, notre vue peut saisir le plan de Pékin.

Un grand quadrilatère, clos de murs, forme la ville chinoise; c'est la partie la plus peuplée et la plus commerçante; la ville chinoise s'adosse aux murs de la ville tartare, autre rectangle beaucoup plus grand que le premier, enfermé dans une haute et forte muraille en brique, sur laquelle on peut marcher et faire le tour en trois heures. Sa hauteur est d'environ sept mètres, sa largeur peut donner passage aux voitures; les neuf portes, placées par intervalle, sont autant de forteresses avec une centaine d'ouvertures pour les canons.

Dans la ville tartare est une troisième enceinte avec une muraille moins importante : c'est la ville impériale; là, il y a peu d'établissements.

Dans la ville impériale est situé le palais impérial entouré d'un fossé plein d'eau et d'une haute muraille à laquelle sont adossés, à l'intérieur, les logements des gardes et des eunuques.

Les rues où se fait le commerce sont parfois larges, mais toujours fort sales et mal entretenues; une poussière noire vous remplit la gorge, et il faut avoir constamment le mouchoir au nez pour les odeurs.

Les Chinois se satisfont dans la rue et en public. Les résidus de la nuit sont jetés dans des ruisseaux, et c'est là qu'on puise pour arroser la chaussée.

La boucherie se fait dans la rue où les chiens viennent lécher le sang et dévorer les entrailles des bêtes tuées. Enfin, Pékin est une ville immonde.

Presque tous les Européens y prennent la fièvre typhoïde, mais les médecins chinois la guérissent facilement avec un sudorifique qu'il serait utile d'importer en Europe.

Les magasins de tabac, de thé et de meubles de mariage, sont souvent bien ornés et ont la façade dorée; ces façades sont des grillages en bois assez bien travaillés, sur lesquels on colle du papier qui laisse passer le jour. Les maisons particulières sont dans des ruelles et toujours entourées de murs.

En descendant de l'Observatoire, nous visitons, — toujours moyennant pourboire aux gardiens, — l'endroit où les étudiants de toute la Chine viennent, chaque trois ans, subir leurs examens. C'est un vaste emplacement clos de mur, dans lequel sont alignées des rangées de petites cellules ouvertes d'un côté; il y en a treize mille. Chaque étudiant occupe la sienne pendant le nombre de jours fixés pour les compositions.

On dit que pour cela, ils ont une semaine; ils sont surveillés pour empècher qu'ils communiquent avec les voisins.

Nous nous dirigeons, à une heure de distance, au temple des Lamas.

Pendant que Barthélémy entre avec M. Cotteau, le portier me saisit par les vêtements et veut me retenir; j'avance en l'entraînant et lui fais signe de parler à l'interprète; je n'ose le battre, crainte d'un tumulte, car beaucoup de monde s'est rassemblé pour voir ce qui arrivera. Barthélémy continue à marcher sans s'inquièter de moi, mais M. Cotteau vient à mon secours, il secoue rudement la main dn portier, le gourmande et lui fait lâcher prise.

Plus loin, la scène menace de se renouveler, mais Barthélémy glisse quelques pièces de monnaie dans la manche du lamas et nous passons.

Chemin faisant, une centaine de ces lamas, en hab't

et toque de soie jaune de forme singulière, sortent en procession d'un temple pour se rendre dans une vaste salle où ils s'installent comme des chanoines pour réciter leur prière.

Ailleurs, un autre groupe chante des cantiques ; et, dans un autre temple, on fait de la musique avec toute sorte de tambours et de trompettes

Moyennant un autre pourboire, ou nous introduit dans le temple où réside le fameux Bouddha en bois, haut de quinze mètres.

Je demande à ces hommes de quoi ils vivent ; ils me répondent qu'ils sont nourris par l'Empereur. Celui-ci, en effet, leur alloue à chacun un taël et demi par mois.

Evidemment, avec dix francs par mois, ils ne peuvent vivre, et Barthélémy me dit qu'ils envoient voler toutes les nuits.

Quant à leur nombre, j'apprends d'eux qu'ils sont habituellement 4,000 dans ce couvent ; mais, en ce moment il n'y en a que 1,500 ; les autres campent, sous la tente, auprès du corps de l'impératrice défunte, pour les prières et les sacrifices. Ils mangent de la viande, mais ne se marient pas, et portent comme les bonzes la tête rasée.

Du temple des Lamas, nous passons un peu plus loin, au temple de Confucius. Il est presque abandonné et semble tomber en ruines ; la famille régnante étant bouddhiste, n'en prend aucun soin. Autour de la cour, sur 240 grandes plaques de marbre, sont gravées les œuvres du philosophe ou de ses disciples, en dix mille pages; quelques Chinois les noircissent pour en prendre l'empreinte et la vendre aux Européens.

Nous devions voir un docteur allemand qui dirige, depuis dix ans, les opérations de l'Observatoire russe; on nous dit que nous n'en sommes pas loin; malgré la nuit tombante, nous nous dirigeons de ce côté; mais Barthélémy cherche sa route, la voiture ne peut avancer dans les ruines et nous la laissons en arrière pour marcher à pied.

Après bien des recherches, nous trouvons notre Docteur qui nous fait bon accueil, mais vu l'heure avancée, nous le prions de nous faire chercher une autre voiture pour rentrer plus vite.

La seconde voiture arrive, mais, par un malentendu, Barthélémy avait pris la première et était rentré chez lui. L'autre voiture nous conduit au Pétang où nous arrivons vers huit heures; à pareille heure on ne nous attendait plus.

Un instant après, on nous sert un bon souper au réfectoire, et le Père Favier va chercher des draps pour monter nos lits à l'Européenne.

Les Pères, ici, sont habillés en Chinois, et dorment à la chinoise, sans draps, enveloppés d'une couverture.

Après le souper, nous l'interrogeons beaucoup sur les choses chinoises, et nous apprenons une quantité d'anecdotes curieuses.

Le Père Favier nous raconte qu'il venait de donner la première communion à une petite chrétienne de treize ans, lorsqu'il apprend que la mère l'a vendue pour cinq taëls à un marchand (à Pékin le taël vaut six francs). Il veut la retrouver et se met sur ses traces; le marchand l'avait revendue sept taëls à un mandarin qui l'avait revendu deux taëls, et enfin, après cinq jours, il apprend qu'elle avait déjà été

Les Pères, ici, sont habillés en Chinois et dorment à la chinoise (page 46)

vendue sept fois, et qu'elle était auprès d'un mandarin qui l'avait payée trente-huit taëls. Il lui envoya dire : « — Tu sais que la loi défend de vendre les Tartares : si tu ne me renvoies immédiatement la petite fille, je t'accuse. » Une heure après la pauvre enfant était restituée et placée à l'orphelinat.

Un jour, le Père Favier voit une femme, à une heure du soir, courir comme une forcenée dans la rue; un homme armé d'un sabre la suivait; la femme, aux petits pieds, fut bientôt rejointe par l'agresseur, qui la prend d'une main par le chignon, et de l'autre lui tranche la tête d'un seul coup. La foule, stupéfiée, ne fait rien pour l'empêcher, et lui demande pourquoi il a fait cela : « C'est ma femme, dit-il, j'en ai assez; je n'en veux plus! » Arrêté par la police, il en fut quitte pour une amende de treize taëls.

Il y a deux ans, un câble télégraphique fut posé entre Ta-ku et Tien-tsin; un Chinois s'avise un jour de couper un fil : une heure après, il avait la tête tranchée.

En ce moment, la Compagnie danoise qui a posé le câble entre Saint-Pétersbourg et le Japon, à travers la Sibérie, en place un entre Shangaï, Tien-tsin et Pékin; il sera en fonction en janvier prochain; les Chinois le respecteront.

Il y a quelques mois, un mandarin gouverneur fut réprimandé de ce qu'il ne faisait pas respecter, durant les trois mois voulus, le deuil pour l'impératrice défunte en empêchant les hommes de se raser la tête : le mandarin fait couper la tête du premier Chinois rasé qu'il aperçoit, les autres ne se rasent plus.

Enfin, nous trouvons bons nos lits qu'avait faits le Père Favier.

---

18 Octobre 1881.

Je visite l'établissement du Pé-tang. Il est situé dans la ville royale; le terrain en fut donné au XVIIIe siècle aux Jésuites par l'empereur Kan-si qui avait été guéri par un des Pères.

Du haut des tours de l'église, on pourrait voir les jardins du palais impérial qui est tout près, mais de ce côté, on a doublé la hauteur du mur.

Les Pères Lazaristes ont au Pé-tang un petit séminaire avec 50 élèves chinois, un grand séminaire et des écoles. Les Sœurs soignent 400 filles et petits garçons de tout âge, à partir des nouveau-nés qu'on leur apporte tous les jours; elles ont aussi un externat, un pensionnat, et une pharmacie qui leur permet de soigner, tous les jours, un grand nombre de Chinois qui viennent frapper à leur porte.

J'ai été heureux de retrouver là une Niçoise, la sœur Verani, qui a été bien contente de pouvoir encore une fois causer de Nice et de ses parents qu'elle n'a pas vus depuis trente-cinq ans.

Les Pères Lazaristes possèdent une magnifique bibliothèque contenant les ouvrages les plus précieux des anciens Pères Jésuites de Pékin, et un beau Musée d'histoire naturelle, riche surtout en oiseaux de Chine, découverts par le Père David; les Chinois viennent journellement le visiter.

Une voiture, en une demi-heure, nous conduit au

Nan-tang (église du Sud), de l'autre côté de la ville : C'est l'ancienne église portugaise; les Chinois l'ont respectée, parce que l'empereur Kan-si y avait tracé une inscription de sa main. Néanmoins, elle fut pillée avant la dernière prise de Pékin, mais les Pères ont retrouvé et racheté, dans les magasins de bric-à-brac. les débris des divers objets précieux, et les ont rendus à leur première destination.

Monseigneur la Place m'attendait au Nan-tang. Je le trouve entouré de nombreux enfants qui demandaient la grâce d'un quart d'heure de récréation en l'honneur de l'étranger; la récréation fut accordée, à leur grande satisfaction. L'internat possède trente élèves, l'externat cinquante, dont plusieurs sont encore païens.

Au Nan-tang, j'ai vu une Congrégation de Sœurs chinoises, création récente de l'évêque; on les appelle les filles de Saint-Joseph; elles sont au nombre de douze, et la supérieure, trois fois réélue par ses compagnes, m'a paru fort alerte et capable. Elles sont vêtues et coiffées comme toutes les Chinoises : pantalon et blouse bleue et gros chignon traversé d'une lame d'argent.

Elles se dévouent à l'enseignement, et surtout au catéchisme, font l'école et tiennent un orphelinat qui compte quarante sujets. Elles leur enseignent aussi un métier qui leur permettra de gagner leur vie : elles cardent, filent, tissent le coton. Dernièrement, la Comtesse Pauline de Salm a envoyé de Rome 5,000 francs, pour construire la chapelle de cette Communauté.

Nous passons au compartiment des Sœurs de Saint-Vincent de Paul. Elles sont sept et dirigent un hôpital dans lequel je n'ai vu que des Chinois et des Chinoises. Les Pères n'avaient point d'argent pour entreprendre cette œuvre coûteuse; le Père Favier, l'homme à ressource, a construit une maison qu'il loue dix mille francs et ce loyer fait vivre l'hôpital; c'est la charité économique, ou plutôt la bonne économie politique.

Deux tantes de l'Empereur actuel sont décédées dernièrement dans cet hôpital; elles descendaient d'une branche de la famille impériale qui avait embrassé le christianisme, il a deux siècles. Lors de la persécution, cette famille préféra l'exil à l'apostasie; rappelée plus tard, ses biens ne lui furent point rendus; le dernier des fils survivant est à l'orphelinat des Pères.

A la pharmacie, les Sœurs pansent d'horribles plaies, quelquefois pleines de gros vers, et donnent chaque jour des remèdes à tous les malades qui se présentent. On leur apporte beaucoup de petits enfants.

La paroisse du Nan-tang s'étend au-delà des faubourgs, jusqu'à vingt-huit lieues.

Je reviens avec Monseigneur La Place dans sa voiture chinoise, assis sur le brancard; chemin faisant, il me fait remarquer une quantité de choses curieuses: ici, loge tel mandarin bienveillant où méchant; là, s'élève l'orphelinat que le gouverneur a construit pour faire tomber celui des Sœurs.

Le digne évêque aurait voulu me montrer un des chars qui vont à travers la ville à la recherche des enfants morts; il le cherchait des yeux, car c'est l'heure où il passe. Chaque quartier a le sien; quand on le voit, on sort des maisons les petits morts (1) qu'on jette dans la charrette; souvent on les y met encore vivants. Moyennant un peu d'argent, des chrétiennes ou des chrétiens chinois obtiennent de les baptiser et prennent pour les élever ceux qu'ils trouvent viables.

Le long de la route, beaucoup d'ouvriers sont occupés à construire une chaussée et à la couvrir de sable jaune, couleur impériale. Elle doit servir au transport des restes de l'Impératrice défunte; la cérémonie aura lieu le 31 octobre, neuvième jour de la neuvième lune. Son corps est déposé depuis six mois dans une pagode, dans l'enceinte qui renferme le mont du charbon (dépôt de charbon, provision faite, il y a des siècles pour le cas de guerre), situé vis-à-vis du palais impérial. Jour et nuit, les lamas s'y succèdent pour la prière, et trois fois par semaine, ils offrent le sacrifice de riz, de thé, d'argent, etc; ils sont parqués en dehors du mur dans de grandes tentes de nattes.

Tout autour des murs, des piquets de soldats en guenille stationnent avec leurs lances rouillées et leurs flèches dépointées; la nuit, ils se renvoient de

(1) Les enfants chinois n'ont droit à un cercueil que lorsqu'ils ont mis les premières dents.

l'un à l'autre le cri de salut et de ralliement lorsque passe un mandarin. Vers les derniers jours, ils revêtent un uniforme de cour : grande tunique en soie rouge fleurie et chapeau mandarin d'été.

Nous voyons, sur un certain point, les hommes s'exercer à porter le brancard destiné au cercueil. Ils sont au nombre de quatre-vingts, soit quarante paires portant sur leurs épaules les quatre-vingts bouts de bâton qui soutiennent tout l'échafaudage. Quatre bols pleins d'eau sont placés à l'endroit où sera le cercueil; gare aux porteurs, si un peu d'eau vient à verser; ils goûteront du bambou.

Les morts doivent être portés horizontalement; c'est un mauvais signe, s'ils perdent la ligne horizontale.

La sépulture de la famille impériale est à Tonlin, à 240 lis, soit à 120 kilomètres de Pékin; il faudra plusieurs jours pour y arriver, car le convoi compte des milliers de personnes, et 2,000 porteurs de relais.

Les mandarins arrivent de toutes parts; les Coréens ont même envoyé une députation qui s'est logée dans les magasins chinois qui ont l'habitude du commerce Coréen.

Le 31, toute la population est consignée, les Européens comme les autres; les Ministres sont chargés de l'organisation du convoi dans la ville de Pékin. Li-oung-tchang, vice-roi du Chi-li, est chargé de l'organisation à travers la campagne.

Des tentures sont posées sur le parcours du cortège, de manière à en intercepter la vue au public; celui qui regarderait s'exposerait à recevoir une flèche; aussi les curieux se contenteront de jeter un coup d'œil, des maisons, à travers les trous faits aux papiers qui servent de vitre.

Dans la campagne, le convoi sera protégé par des paravants, contre la curiosité des villageois.

Je me contente de voir ces préparatifs, et je ne resterai pas à Pékin une semaine de plus pour en voir davantage.

L'après-midi *du* 18 *octobre,* je parcours la ville chinoise. Chaque rue a sa spécialité de magasins : Ici, c'est la rue des éventails; là, la rue des porcelaines, ailleurs, la rue des bouchers.

Les magasins laissent pendre de longues affiches dorées, car le Chinois écrit ses caractères du haut en bas, et de gauche à droite; les boutiques sont aussi ornées habituellement d'oriflammes de toutes sortes.

Partout dans la rue, même saleté, mêmes immondices.

Je visite plusieurs magasins de bibelots, toujours même prix exorbitants. Les marchandises moins belles sont en montre; les plus précieuses sont à l'arrière et tenues sous clé; on ne les montre qu'à l'étranger qui fait mine de vouloir acheter.

Nous allons au temple du Ciel. Les portes de l'enceinte sont ouvertes, on les ferme rapidement dès que nous approchons; nous sommes réduits à aller un peu plus loin grimper sur le mur pour donner un coup d'œil ; mais le jardin est vaste, et on n'aperçoit que des arbres.

On dit que ce temple du Ciel est un des plus beaux de Pékin ; il renferme une vaste tour ou four dans lequel on cuit, tous les ans, un bœuf entier pour le sacrifice.

Pour monter comme pour descendre du mur, nous nous appuyons sur le toit d'une petite maison ; on nous dit que c'est la maison de la police.

Nous passons devant le temple de la terre, ou de l'Agriculture ; les portes se ferment à notre approche comme celles du temple du Ciel ; désappointé, je regagne le Pé-tang.

Après le souper, je passe plusieurs heures de la soirée à recueillir des renseignements sur la dynastie et sur la Cour.

L'Empereur actuel s'appelle Kuang-Shiu ; il a treize ans ; son prédécesseur s'appelait Toang-djé, et régnait depuis 1860 ; mais, son entourage aspirait à une régence, et trouva bon de le laisser se dégrader dans les plaisirs ; il est mort à dix-sept ans.

Un mois avant sa mort, le premier médecin de Pékin fut appelé en consultation ; il déclara à sa Majesté qu'il n'avait plus qu'un mois à vivre ; sa franchise lui valut la décapitation.

Un autre médecin fut appelé ; celui-ci plus avisé dit :

« Votre Majesté n'a rien, elle sera guérie dans quinze jours » ; on le fit premier médecin de la Cour, mais il jugea prudent de s'esquiver et disparut.

Toung-djé, à dix-sept ans était marié; sa jeune épouse devait être la régente, mais cela ne plaisait guère à sa belle-mère l'impératrice Si-taé-ho, régente actuelle; la jeune impératrice fut donc envoyée dans l'autre monde rejoindre son mari, quinze jours après la mort de celui-ci.

Toung-djé était fils de l'empereur Shien-fong, mort en 1860. Celui-ci avait pour femme légitime Toung-taé-ho (impératrice de l'Est) qui ne lui donna point d'enfant. C'était une honnête femme, rigide, mais ignorante.

La conduite de la seconde impératrice l'a abreuvée de chagrin, et elle en est morte en avril dernier.

La seconde impératrice, Si-taé-ho, ou impératrice de l'Ouest, était la seconde femme de Shien-fong et elle fut légitimée. D'après la loi chinoise, le fils de la seconde femme appartient à l'épouse légitime, comme au temps de Jacob; c'est pourquoi les deux impératrices étaient régentes en même temps.

Toung-djé, fils de Shien-fong et de la seconde femme, avant de mourir (à 17 ans), avait adopté l'empereur actuel qui avait alors cinq ans. On le croit fils de l'impératrice Si-taé-ho, femme intrigante, débauchée et aimant le pouvoir; son père est le Tsi-ié ou septième prince, frère de Toung-djé et fils de Shien-fong.

Celui-ci avait eu neuf garçons. L'aîné, Toung-djé, lui succéda et mourut à dix-sept ans, les deuxième, troisième et quatrième sont mort; le cinquième Ou-ié est vivant et devrait, comme aîné, être le président du conseil de régence; mais il aime la vie privée, et a été supplanté par son jeune frère, le sixième prince, ou Leou-ié qui est le prince de Kong, âgé de quarante-sept ans.

Le septième prince, ou Tsi-ié, père de l'empereur actuel, était généralissime des troupes jusqu'en 1875, mais après l'avènement de son fils au trône, la loi chinoise l'a obligé à démissionner, car comme père il ne pouvait prendre les ordres de son fils, et comme sujet, il était tenu à lui obéir. Le septième prince est celui qui intrigue avec la Si-taé-ho, ou deuxième impératrice.

Celle-ci vient d'avoir un fils. Pour prolonger la régence, on renouvellera peut-être le tour qu'on a joué à Toung-djé; on lui fera adopter l'enfant qui vient de naître et on l'expédiera dans l'autre monde d'une manière ou d'une autre.

Les médecins, ayant ordonné à l'Impératrice du lait de femme, durant sa maladie, soixante nourrices avaient été choisies dans tout l'Empire pour être à sa disposition.

Cette femme intrigante, voulant témoigner sa satisfaction au septième prince, pensa lui envoyer en cadeau de magnifiques objets du palais impérial; mais, attendu que la loi défend de rien en sortir, le mandarin, chargé de la garde de la porte, arrêta les porteurs de ces objets. La loi était précise; le mandarin avait fait son devoir, on ne pouvait le punir; mais la vindicative impératrice sut tourner la difficulté; elle acheta un pauvre diable qui eut le mot d'ordre de se faufiler dans les appartements de l'impératrice; là, il fut surpris, arrêté et décapité; et la régente put dire : qu'est-ce donc que ce mandarin gardien de la porte, qui ne sait veiller que sur ceux qui sortent et non sur ceux qui entrent? Elle le fit donc dégrader et envoyer en exil.

Six mille eunuques vivent dans le palais impérial. Il est facile de s'imaginer ce qui doit se passer d'intrigues et d'horreurs dans un tel endroit! On raconte des détails révoltants; aussi, ce n'est pas étonnant si en pareilles mains le pouvoir s'avillit.

Les vice-rois des provinces tendent à se rendre indépendants et discutent, au lieu de les exécuter, les ordres venus de Pékin.

A leur tour, la plupart passent le temps dans les plaisirs et pressurent le peuple; les autres magistrats, sur toute l'échelle, volent à qui mieux mieux; les places se donnent non au mérite, mais au plus offrant; et ceux-ci, pour se rattraper, vendent les jugements et lâchent les coupables moyennant finance. Aussi un proverbe chinois dit :

« Si tu as raison et pas d'argent, ne poursuis pas ton procès; si tu as tort et de l'argent, tu peux poursuivre hardiment. »

Le préfet d'un pauvre district ne reçoit que vingt-cinq mille francs, par an; mais, il trouve moyen d'extorquer au moins quatre-vingts mille taëls, environ quatre-cents mille francs par an à l'occasion des procès.

Chaque ville, chaque province, a une douane spéciale. Le gouvernement afferme les douanes à ses employés qui pressurent les marchands et leur arrachent pour leur propre compte, des millions de francs par an. Il n'est pas étonnant qu'un tel gouvernement soit abhorré du peuple, et il faut bien le peuple chinois, si patient et si soumis, pour l'endurer si longtemps.

Cette situation explique la réussite de l'insurrection des Taëpings, qui, vers 1864, auraient certainement renversé le gouvernement et la dynastie, s'ils n'avaient été subjugués à l'aide des Européens.

Mais le désir d'un changement est dans tous les cœurs; on en est à soupirer après une guerre avec le Japon, avec l'Europe, avec la Russie ou avec toute autre puissance, dans l'espoir de voir, dans la crise, sombrer la triste administration actuelle.

La présence des Européens dans les ports ouverts, et la vue de leur administration plus droite et plus honnête, stimule encore ce désir de changement; le peuple compare et dit à ses mandarins : « les Européens, voilà bien de vrais mandarins qui ne volent pas et font justice. »

Les mandarins chinois se mordent les lèvres de dépit et voudraient envoyer bien loin tous les Européens.

Si une guerre extérieure ne vient aider la crise, on est persuadé, quand même, qu'une révolution se fera.

Viendra-t-elle du palais ou de quelque vice-roi? on ne sait; mais on sent que le vieil édifice s'écroule et qu'il lui est impossible de tenir debout plus longtemps.

Les mandarins, qui ont la bourse garnie, se payent des repas de Lucullus (page 66)

CHAPITRE IV

Télégraphe. — Chemins de fer. — Usines. — Administration. — Travail. — Nourriture. — Logement. — Famille. — Armée. — Religion. — Missions. — Douanes.

Depuis plusieurs années, les Chinois s'expatrient; mais toujours avec esprit de retour; et, s'ils meurent en pays étranger, ils veulent que leur corps soit reporté auprès des os de leurs pères, dans leur village natal.

Plusieurs, après avoir réussi à ramasser de petites fortunes en Californie, en Australie, aux Indes, reviennent dans leurs pays avec des idées nouvelles, et, la civilisation chrétienne leur apparaissant meilleure, ils se plaisent à la faire connaître.

Les voyages dans l'intérieur sont aussi devenus plus faciles; les *steamer* remontent le Yang-tzé-Kiang (rivière bleue) jusqu'à Jchang, à 800 lieues dans le centre de la Chine.

Les missionnaires catholiques, et les protestants, avec leurs femmes, leurs enfants et leurs bibles, sillonnent maintenant toutes les provinces sans aucun danger.

Les usines à vapeur montrent déjà en plusieurs endroits leurs hautes cheminées, et beaucoup d'entre elles sont aux mains des Chinois.

Le télégraphe fonctionne déjà depuis deux ans entre Taku et Tien-tsin, et, en mars prochain, il fonctionnera de Shangaï à Pékin.

On discute en ce moment sur l'opportunité d'adopter les chemins de fer; les uns les veulent, les autres les repoussent. A la tête du mouvement de réforme est Li-oung-tchang, vice-roi du Chi-li, résident à Tien-tsin. On le dit l'homme le plus intelligent de la Chine; mais il veut la Chine pour les Chinois.

La Compagnie Jardine a déjà, en route, un navire chargé de rails, et il est probable qu'ils ne tarderont pas à trouver leur emploi.

Nous sommes déjà loin de l'époque où les autorités chinoises achetèrent, pour le détruire, le petit chemin de fer que les Européens avaient construit entre Wousung et Shangaï!

La Chine est un riche pays; le jour où les voies de communication lui permettront de mettre, au profit de sa nombreuse population, ses richesses maintenant inabordables, la Chine deviendra une forte et redoutable puissance; ses marchands commenceront à envahir l'Europe par le commerce, et ses ouvriers par le travail, en attendant, peut-être, que ses soldats l'envahissent par les armes.

Les aptitudes commerciales des Chinois sont connues de tout le monde; l'esprit d'association est inné chez eux : déjà une Compagnie (1) vient de se former pour l'exportation et l'importation directe avec l'Europe. Leur premier navire est parti de Shangaï, le mois dernier, emportant à Londres un chargement de thé et autres denrées chinoises; il sera certainement suivi de beaucoup d'autres, et les compagnies commerciales se multiplieront.

Le Chinois, dans le commerce, est encore plus patient, plus économe et plus habile que le Juif; il faudra que les Européens forment à leur tour de fortes et solides sociétés, s'ils veulent résister avec succès.

Administration. — Il y a six ministères en Chine : 1° le Lee-poo qui fait le choix des divers mandarins et les surveille; c'est un repaire d'intrigues. 2° le Hoo-poo, qui préside aux finances. 3° le Ly-poo,

(1) La Chinese Merchants steam-navigation Company.

qui a la garde des rites et cérémonies, et veille à ce que nulle innovation n'y soit introduite ; c'est le tribunal le plus conservateur qui ait jamais existé au monde. 4° le Ping-poo, ou guerre et marine. 5° le Hing-poo, police et justice. 6° le Kung-poo, ou travaux publics.

Depuis la guerre de 1860, on a ajouté le Tsoun-ly-ya-men, ou conseil chargé de l'exécution des traités avec les Européens. Tous les ministres en font partie et il est présidé par le prince Kong.

En province, l'administration est confiée à des vice-rois qui président à des districts composés de deux ou trois provinces ; des Tao-taï ou gouverneurs, réunissant souvent le pouvoir politique et militaire, commandent les provinces et les villes.

Celles-ci sont de trois catégories ; les Tche-fou ou villes chefs-lieux de préfecture de premier ordre ; les Tche-Thceo chefs-lieux de préfecture ; les Tche-shien chefs-lieux de sous-préfecture.

Travail. — J'ai demandé au Père Favier quelques renseignements sur les conditions du travail. Les professions sont ordinairement organisées en sociétés, ou pour mieux dire, il y a un grand nombre de sociétés dans chaque profession ; ainsi, quelques centaines de maçons formeront une société pour les travaux qu'ils pourront obtenir, et tous obéiront à leur chef ; si le chef meurt, son fils, quoique mineur, hérite de son autorité ; les manœuvres ou coolies n'entrent pas dans la société.

Les marchands ont aussi de grandes associations appellées *Koui*. Les contrats d'apprentissage sont passés entre le père de l'apprenti et le patron, et durent de trois à cinq ans; l'apprenti ne reçoit que sa nourriture.

La journée de travail dure du lever au coucher du soleil, moins les heures de repos; c'est une moyenne de neuf à dix heures par jour.

Les salaires sont bien moins élevés qu'en Europe; le maçon reçoit de 1 franc à 1,50 par jour, le menuisier autant, le serrurier n'existe pas. Le tailleur de pierres reçoit de 1,25 à 1,75; le tailleur d'habits, la même chose. L'homme de peine ou coolie reçoit sa nourriture et 2 francs 50 par mois.

Les domestiques, chez les mandarins, ne sont pas payés; ils reçoivent les pourboires des gens qui ont à traiter avec leurs maîtres. Les cuisiniers n'ont pas de traitement; ils s'en font un sur les achats au marché.

Les agriculteurs, dans le nord, sont inactifs durant les six mois d'hiver; ils ne savent pas s'adonner à un métier quelconque dans la froide saison; mais leur travail est excessif durant les autres six mois. L'ouvrier agriculteur reçoit sa nourriture, et, en plus, de quarante à cent quarante francs par an. Le meunier ne garde que le son pour sa paye.

Nourriture. — Le Chinois est généralement très sobre; mais ceux qui le connaissent s'accordent à dire qu'il l'est non par principe, mais par nécessité;

les mandarins, qui ont la bourse fournie, se payent des repas de Lucullus; les plats les plus raffinés sont constamment sur leur table, tels que œufs de pigeons, ailerons de requins, nids d'hirondelle, graines et racines de lotus, etc.

Dans les grands restaurants, on peut faire des repas qui dépassent cent francs par tête. A chaque nouvelle portion, les domestiques crient à haute voix les plats que le client a déjà précédemment demandés, et en doublent le prix pour flatter son amour-propre, ainsi ils diront : donnez un nid d'hirondelle à Monsieur un tel, qui a déjà pris pour dix francs d'ailerons de requin, pour cinq francs de chat, pour quatre francs de graines de courge, pour six francs d'œufs salés de canard.

Si l'hôte est peu gourmand, on crie : donnez deux sous de soupe pour Monsieur un tel, qui n'a encore pris que pour un sou de riz, etc.

Le Ministre d'Espagne venait d'arriver à Pékin, et avait été reçu en audience et à déjeuner par le prince Kong; le lendemain, selon l'usage, il reçut chez lui ceux des mets du déjeuner qu'il avait semblé préférer.

Monsieur le ministre me montra cette collection de plats. Il y en avait une trentaine, parmi lesquels je remarquai deux grandes oies, un jeune porc rôti, une pyramide de graines de courge, des œufs de canards salés et conservés sous le fumier, et toutes sortes de sucreries; plus deux amphores en terre remplies de vin chinois, esprit de riz ou d'autres grains.

M. le ministre a fait photographier cette exhibition

et m'en a remis une copie. Je n'aurais pas voulu des ragoûts offerts à M. le ministre; mais, j'aurais bien aimé les jolis bols de porcelaine qui les contenaient.

Le peuple, dans le sud, se nourrit généralement de riz qu'il assaisonne avec du poisson pourri; dans le nord, il mange le millet, le sorgho, des légumes frais durant l'été, et salés durant l'hiver.

Deux fois par mois, l'ouvrier a droit à une petite noce; il reçoit alors la farine et la viande, ou bien le *tot-fou*, pâte de haricots blancs qui, à la vue, ressemble à du fromage, mais qui, au goût, ferait reculer les moins délicats.

L'ouvrier, comme tout le monde en général, fait trois repas par jour : le matin, à midi et le soir.

Le lait est cher à Pékin : on le vend 0,50 le litre; mais, en Mongolie, il se vend 0,05 le litre, ou pour mieux dire ne se vend pas.

Le Mongol est excessivement hospitalier; il est dans ses habitudes, quand arrive un étranger, de lui abandonner sa tente, et tout ce qu'elle contient.

La boisson du peuple est l'eau bouillante ou le thé de mauvaise qualité. Le Chinois boit aussi un vin composé de millet simplement fermenté; pris en quantité, il grise, et à la longue, il porte à la folie.

Le riche boit le bon thé et l'eau-de-vie de riz.

Le Chinois mange le mouton et le porc; il lui est interdit de tuer le veau et le bœuf.

Les repas commencent par les desserts qui, dans les dîners d'apparat, varient de soixante-dix à quatre-vingts plats, et finissent par les potages qui sont toujours au nombre de huit ou dix; il y a pour cela, comme pour toute chose, en Chine, une infinité de règles établies.

Voici les prix des principaux aliments pour Pékin : viande excellente, mouton ou bœuf, la livre de seize onces, quarante centimes; porc, 0,50; chien, 0,50; mulet mort, chameau crevé 0,20; poisson, carpe, brochet, 0,30; une grosse carpe coûte beaucoup moins que la carpe d'un pied, parce qu'il faut qu'elle puisse entrer dans le bol : tous les ragoûts étant servis dans des bols de porcelaine.

On y prend la nourriture avec des bâtonnets de bois ou d'argent.

Le riz, dans le nord, vaut de quinze à vingt francs les cent quarante livres; dans le sud, il coûte moitié moins. Le millet vaut de dix à quinze francs les cent quarante livres; le sorgho de dix à douze francs; la farine de blé de vingt-cinq à trente francs.

Les légumes sont bons et peu chers, excepté les primeurs. Une gousse de petit pois, en primeur, se paye un centime et demi; un petit radis deux centimes.

Les fruits ne sont pas chers; le raisin vaut de quinze à vingt centimes la livre; il est excellent et donne un vin alcoolique analogue à celui de notre Saint-Raphaël.

Un poulet vaut de 0,50 à 0,60; un œuf, de deux centimes à 0,05 centimes; œufs pourris salés de 0,20 à 0,30 centimes. La perdrix bartavelle rouge vaut de 0,30 à 0,50; une paire de faisans superbes vaut de 1 franc 50 à 2 francs 50. Le Chinois n'aime pas ce qui est sauvage, c'est pourquoi l'Européen a le gibier à bon marché. (1)

Vêtement. — Pour les vêtements, le Chinois les a très simples : un pantalon et une blouse plus ou moins longue, aussi bien pour les hommes que pour les femmes et les enfants. Les vêtements sont ouatés durant l'hiver.

Le coton est l'étoffe du peuple, la soie, celle du riche; on voit pourtant, surtout dans les ports ouverts, quelques riches Chinois employer le bon drap pour les vêtements d'hiver.

Le peuple n'a que deux vêtements par an, celui d'été et celui d'hiver. Pour prendre l'un ou l'autre, il attend que la gazette officielle de Pékin annonce que le Fils du Ciel a inauguré la nouvelle saison en prenant les vêtements d'hiver ou d'été.

Le peuple n'a pas de chemise, et ne pouvant laver le vêtement d'hiver, les insectes s'y mettent : on voit les pauvres aux coins des rues les chercher et les manger : « ils me mordent, disent-ils, je puis bien les mordre. »

Les riches ont trois habits par saison, et comptent huit saisons. Ils mettent leur amour-propre à entasser de riches vêtements. La couleur des habits est ordinairement le bleu ou le brun pour les hommes,

(1) Une maison française met en boîte, à Pékin, les conserves de faisans, de perdrix, de canards, pour les expédier en Europe.

mais les femmes portent des couleurs voyantes : rouge-écarlate, jaune-serin, vert clair. Le blanc est le vêtement de deuil ; mais, pour les princes, la couleur adoptée est le noir.

Les habits chinois sont parfaits pour la décence.

Habitations. — Les maisons chinoises sont fort simples, et pour la classe aisée, elle sont généralement entourées d'un mur qui les sépare de la rue. Le foyer chinois est sacré et impénétrable ; les fenêtres donnent sur une cour intérieure ; ou pour mieux dire, il n'y a point de fenêtre ; le jour passe par la grille en bois plus ou moins travaillé qui forme la paroi et sur laquelle on colle du papier blanc.

Une partie de la chambre est occupée par le lit ; ce lit est une construction en brique, élevée de 0,70 centimètres au-dessus du sol et couverte d'une natte de roseaux. Durant le jour, on y place de petites tables, et c'est le lieu du travail ; le soir, on ôte les petites tables et on s'y couche en s'enveloppant d'une couverture.

Dans le nord, on place sous le lit des charbons allumés composés de poussière de charbon de terre et de boue, et on transforme ainsi le lit en un poële.

Les familles pauvres, qui n'ont pas assez d'argent pour chauffer plusieurs lits, dorment pêle-mêle dans un même lit ; les familles aisées ont des chambres séparées pour les femmes.

Les Chinois ont peu de meubles ; on trouve dans

les chambres une table, un ou deux fauteuils ou chaises, une armoire et un chandelier.

Dans les villes, les maisons sont en bois, quelquefois en brique, et couvertes en petites tuiles concaves; elle n'ont ordinairement qu'un rez-de-chaussée, rarement un étage.

Les maisons, en bois ou en brique, sont couvertes de petites tuiles concaves (page 71)

Dans beaucoup de villages, les maisons et les toitures sont en boue pétrie avec de la paille.

Les boutiques de tabac, de thé, de meubles de mariage sont souvent richement décorées.

Famille. — L'autorité paternelle est sans limite;

le père vend parfois ses enfants, mais il est défendu de vendre les Tartares.

La femme ne compte pas; elle fait les gros travaux et mange ce qui reste après le repas des hommes. Le Chinois croit que la femme n'a pas d'âme; s'il n'a que des filles, il dit qu'il est sans enfant.

Une déplorable habitude en Chine, ainsi que je l'ai déjà dit, est celle d'estropier les femmes pour leur faire des petits pieds; souvent, cela leur engendre des plaies dont elles meurent, ou qui répandent une odeur insupportable. On dit que la jalousie a été le mobile de cette terrible invention; on donne aussi divers autres motifs. Les femmes, ainsi estropiées, ne peuvent guère vagabonder.

Lors des ravages de Taë-ping (1861-1865), ne pouvant courir pour se sauver, elles étaient massacrées en grand nombre.

Dans le Nord, cette coutume est générale; on voit les petits pieds aux dernières paysannes et jusqu'aux femmes qui mendient sur le chemin. Les femmes tartares, gardent leurs pieds naturels.

La naissance n'est entourée d'aucune cérémonie particulière.

Le mariage se fait toujours au moyen d'un entremetteur, comme une affaire quelconque; les parents seuls arrangent la chose.

Les parents du jeune homme donnent à ceux de la jeune fille des présents; ceux-ci en gardent ce qu'ils veulent, et donnent le reste à l'épouse, puis on annonce aux futurs que le mariage est conclu.

On va chercher l'épouse à la maison paternelle avec un grand apparat; on la porte à la maison de l'époux sur une chaise fermée, richement ornée et dorée, précédée et suivie de lanternes et de drapeaux, et avec accompagnement de musique.

Les mariages se font pour les jeunes gens, à l'âge de dix-sept à dix-huit ans, et pour les jeunes filles à l'âge de seize ans. Le mari peut prendre à côté de la femme légitime autant d'autres femmes qu'il peut en nourrir, et le divorce est également florissant.

Le travail de la femme, broderie, filage, etc, d'un soleil à l'autre, lui donne un profit de 0,20 à 0,50 par jour.

Pour les funérailles, on répète à peu près le même convoi que pour le mariage, mais les cercueils sont souvent riches et d'un bois très épais.

A Tien-tsin, j'ai vu les funérailles d'un mandarin. A la porte de la maison, des musiciens avec des flûtes et des *tam-tam*, faisaient une musique plaintive ; de l'antichambre, on voyait le portrait du défunt flanqué de deux mannequins à cheval en guise de gardes. Devant le portrait étaient les insignes de la qualité du défunt : la main de la justice, le chapeau de magistrat, etc, puis des chandeliers, des plats de riz et autres comestibles et des paquets de lingots d'or et d'argent en papier qu'on brûle pour envoyer au défunt dans l'autre monde. Les visiteurs se succédaient, portés sur des chaises de deuil.

Il est d'usage que la famille du défunt envoie des

invitations à tous ses amis et connaissances. Ceux-ci viennent faire une visite, mangent, boivent et ont aussi leur moment pour les pleurs; en partant, ils laissent une somme pour aider aux frais. De cette manière, les funérailles, au lieu d'être une occasion de dépenses, sont une occasion de gain. C'est un progrès sur l'Europe où il coûte si cher pour se faire enterrer.

Médecins. — Les brevets ne sont pas requis en Chine pour exercer la médecine, mais le médecin agit à ses risques et périls; s'il est prouvé qu'il a causé une mort par son inexpérience, cela peut lui coûter la vie ou causer sa ruine.

La profession de médecin est inséparable de celle de pharmacien; chaque médecin fournit lui-même ses spécifiques; on ne paye pas ses visites, mais on paye ses remèdes.

Souvent on traite à forfait; on convient d'une somme à donner seulement après guérison; parfois le médecin déclare qu'il faudra employer un remède coûteux; on l'accepte s'il répond de la guérison; dans le cas contraire, devant le malade même, on suppute les chances, et le patient finit souvent par dire : « il ne vaut pas la peine de faire cette dépense pour si peu d'espoir, employez l'argent à me faire un joli cercueil. »

Les médecins chinois emploient avec succès plusieurs simples, et les missionnaires sont souvent guéris par eux.

Une méthode qui leur réussit est *l'acupuncture*; ils font pénétrer dans les diverses parties du corps, sous les ongles, sous la langue, dans le dos, dans le ventre, etc, des épingles longues de quatre à dix centimètres, et obtiennent, par ce moyen, des guérisons ou un soulagement instantané.

Armée. — L'armée est surtout composée de Tartares. Tout Tartare mâle est soldat en naissant et reçoit une pension de l'Empereur.

Cette pension est de trois taëls par mois (21 francs), mais l'Empereur commence lui-même à retenir un taël; les intermédiaires prennent aussi chacun quelque chose, en sorte qu'il n'arrive guère qu'un taël ou un taël et demi au soldat.

Souvent, lorsque le pensionné meurt, la famille continue à percevoir la pension qu'on passe frauduleusement au nom d'une fille; ceci ne peut se faire qu'avec la connivence des employés qui alors partagent le gain.

On sait que la dynastie actuelle est tartare; c'est pourquoi elle compose son armée spécialement de Tartares; mais les Chinois aussi peuvent devenir soldats, moyennant un examen sur le maniement de l'arc et de la lance. Presque tous les soldats sont armés de ces vieilles armes ou d'un gros fusil à mèche.

Mais dans certaines provinces, comme au Chi-li et au Kwang-tung, des vice-rois intelligents emploient des officiers français, anglais, américains ou allemands, à instruire leurs troupes qu'ils équipent avec des armes achetées en Europe. Le vice-roi de Tien-Tsin possède déjà 4,000 hommes biens équipés et bien instruits.

On opère de la même manière à Shangaï, à Canton, et sur bien d'autres points. De plus, les arsenaux de Tien-Tsin, de Shangaï, de Foochau etc, fabriquent déjà de la poudre, et de bons fusils à aiguille, et construisent des navires de guerre qui, quoique non blindés, sont pourvus de bonnes machines et de gros canons, de 30 et même de 100 tonnes.

Industrie. — On voit dans les ports ouverts, plusieurs hautes cheminées qui indiquent que la vapeur est déjà mise en action pour soumettre les matières à des préparations diverses.

Les Chinois intelligents adoptent volontiers cette force motrice qui leur procure de beaux bénéfices. (1)

Religion. — La religion dominante dans le peuple est le Bouddhisme.

Les lettrés sont surtout partisans des doctrines de Confucius et de Laotze.

Les Chinois ont quatre grandes fêtes : une au commencement de chaque saison. Chacune des innombrables pagodes a sa fête annuelle.

(1) Il serait désirable que les chrétiens indigènes se missent à la tête, ou tout au moins suivissent ce mouvement industriel, pour conserver l'influence et la richesse. S'ils restent en arrière, bientôt tout en les exploitant, on se moquera d'eux, et on leur dira qu'ils seront toujours pauvres tant qu'ils suivront la religion et les conseils des prêtres, qui ont intérêt à les tenir dans l'ignorance et la faiblesse pour les diriger.

A part quelques exceptions, la généralité n'a recours à la Religion que dans les calamités publiques, guerre, famine, sécheresse, inondation, etc.

Les moines sont de deux sortes ; les *lamas* habillés en jaune, et les bonzes habillés en gris avec collet noir ; tous ont la tête complètement rasée et sont voués au célibat ; leur conduite étant peu régulière, le peuple les méprise.

On trouve dans presque toutes les pagodes une idole appelée *Tomo-mono*.

La statue porte ses souliers à la main, un courgeron au côté et son manteau relevé comme un voyageur ; la forme de son vêtement, sa barbe européenne, indiquent un individu étranger à la Chine et on croit que, sous cette idole, se cache Saint-Thomas, l'apôtre qui a évangélisé les Indes.

On dit que l'Empereur chinois, qui vivait de son temps, ayant entendu une voix mystérieuse qui lui disait qu'un Saint avait paru en Occident, envoya une ambassade pour s'enquérir du fait. Arrêtée en route par plusieurs obstacles, elle ne put parvenir qu'aux Indes où prêchait Saint-Thomas, et en rapporta le Bouddhisme dans lequel on trouve facilement les traces de la révélation chrétienne et les cérémonies de notre culte.

Les Missions. — Civilement, la Chine est partagée en dix-huit provinces ; mais le Saint-Père l'a divisée en trente-six Vicariats apostoliques ayant chacun un évêque missionnaire à sa tête. Ces missions sont partagées entre les Missions-étrangères, les Lazaristes, les Jésuites, les Dominicains espagnols de Manilla et les Capucins italiens. Le nombre des prosélytes catholiques s'accroît chaque jour et dépasse déjà le million.

Les protestants ont aussi leurs ministres, au nombre de 200 anglais et 100 américains. Ils voyagent maintenant sans danger avec leurs femmes et leurs enfants dans toutes les provinces; mais, aux yeux des Chinois, un homme marié ne saurait être un prêtre.

A Shangaï, ils ont voulu imiter l'orphelinat que les pères Jésuites ont à Zi-ga-way ; ils n'ont pu réussir et leur maison est en vente. Dans les ports ouverts, la majorité des commerçants est composée d'Anglais, d'Américains et Allemands protestants, qui, voyant les œuvres des missionnaires catholiques, les admirent et les aident souvent de leur bourse, donnant ainsi un bel exemple de tolérance.

Douane européenne. — La douane européenne est confiée à la direction de Monsieur Hart, Irlandais. Il reçoit un tant pour cent du gouvernement chinois pour les frais de gestion, et choisit, paye et dirige son personnel consistant en 2,314 personnes dont 500 Européens et 1,814 Chinois. Les candidats doivent ordinairement subir à Londres un examen; et, s'ils sont admis, ils reçoivent ici un premier appointement de 540 francs par mois, outre le logement. L'indemnité de logement pour Shangaï est de 2,800 francs par an.

Environ chaque deux ans, ils montent de classe avec 25 taëls de plus par mois (150 francs).

Monsieur G. de Galembert, qui me donne ces renseignements, est ici depuis quatre ans et a déjà 8,400 francs d'appointement, avec 2,800 francs d'indemité de logement. Sa pension, au premier hôtel avec chambre et salon, ne lui coûte que 1,800 francs par an; donc économie considérable.

Avant qu'un employé de douane en France, arrive à gagner autant, si jamais il y arrive, il aura soixante ans et devra avoir la chance d'être directeur dans une grande ville.

Les employés de la douane, ici, vont au bureau à dix heures et en sortent à quatre heures avec une heure libre à midi pour le déjeuner ; donc, cinq heures de travail par jour.

Après avoir passé par les deux sections des quatre classes, l'employé est nommé député-commissaire au traitement de 2,500 francs par mois, puis commissaire avec un traitement de quarante à soixante-quinze mille francs par an.

Tous les ans, quarante employés en moyenne vont en congé.

La douane est chargée de la perception des droits et en même temps de l'entretien des ports et du service des phares.

Les marchandises européennes payent à l'entrée un droit de 5 0/0 *ad valorem.* Si elles sont réimportées des ports ouverts à l'intérieur, elles payent un autre droit égal à la moitié du premier et, moyennant cela, reçoivent une *passe* qui les exempte de tout autre droit de douane aux nombreuses barrières que les mandarins ont établies à chaque dix lieues, pour percevoir des droits.

Les marchandises chinoises, thé, soie, porcelaine qui vont en Europe, payent à la sortie un droit de douane de 5 0/0 *ad valorem*.

En 1880, la douane européenne a donné au Céleste Empire un revenu de 14,258,583 taëls au prix de 8,50, soit 121 millions de francs environ.

La valeur des marchandises importées et exportées a été de 1 milliard 815 millions de francs environ.

En 1873, le revenu de la douane n'était que de onze millions de taëls, environ cent millions de francs.

Sur les 385 maisons de commerce étrangères, qui existent en Chine, 236 sont anglaises, 65 allemandes, 31 américaines, à peine 16 sont françaises.

Il y a dans toute la Chine 4,051 étrangers; sur ce nombre, 2,085 sont anglais, 470 américains, 341 allemands, 175 japonais et à peine 164 sont français.

Mais il est temps de reprendre mon journal de voyage que j'ai laissé au soir du 18 Octobre.

Nous rencontrons un convoi avec longue suite de lanternes et oriflammes
(page 81)

CHAPITRE V

Excursion à la Grande Muraille. — La Grande-cloche. — Le Wan-shou-shan. — Le palais d'été. — Les tombeaux de Ming. — Ning-po. — La Grande-Muraille. — Tang-shan et le bain impérial. — Les veilleurs de nuit. — Le cimetière portugais.

Le mercredi 19 *octobre*, après les préparatifs nécessaires, à neuf heures du matin, je monte en voiture avec Barthélemy OU, pour l'excursion à la ***Grande-Muraille***

En traversant la ville, nous rencontrons un convoi mortuaire avec longue suite de lanternes et oriflammes et suivi des parents habillés de blanc.

A dix heures, nous arrivons au temple de la Grande-Cloche (*Ta-chung-sse*), à quelques lieues de la ville; là, est la plus grosse cloche que j'aie jamais vue; elle m'a paru bien plus grande que celle du Kremlin à Moscou. Elle a dix-neufs pieds de haut et elle est couverte de caractères chinois à l'intérieur et à l'extérieur.

A la sortie, Barthélemy eut à se débattre longtemps pour se délivrer des solliciteurs de pourboires.

Sur la route, nous trouvons des tombeaux nombreux d'une forme ronde : ce sont les tombeaux des bonzes et des lamas. C'est ici l'un des endroits choisis par eux pour la crémation de leurs morts; eux seuls ont le privilège d'être brûlés après le trépas.

Plus loin, nous trouvons plusieurs tombeaux plus grands entourés d'un mur en terre avec une maison pour le gardien : ce sont des tombeaux de mandarins et le gardien n'est pas superflu; on place, dans les cercueils des riches, des lingots d'or et d'argent, des bijoux et des choses précieuses qui tentent facilement les voleurs.

A onze heures, nous arrivons au Palais d'Eté, en chinois *Yüen-ming-yüen*.

C'est un enclos de sept kilomètres de circonférence; quarante gardiens sont à la porte qu'il est défendu de franchir, sous peine de mort. Mais mon rusé *lettré* prend un détour et s'en va dans la cabane du chef des gardiens, lui glisse un pourboire et obtient ainsi un garde pour nous conduire.

Celui-ci nous mène le long du mur de clôture, à une certaine distance, jusqu'à ce que nous y trouvions une brèche par laquelle nous entrons.

A en juger par ce qui reste, l'intérieur a dû être un des plus beaux parcs du monde, mais c'est maintenant la désolation des désolations : les lacs sont dés-séchés ou remplis de roseaux sauvages, les ronces et les épines poussent partout; les palais sont des amas de ruines. Les gardiens coupent et emportent les arbres et pillent ce qui reste.

J'ai vu des femmes enlever des corbeilles de briques qu'elles vendront pour les constructions du village.

Il reste encore, debout, un petit palais entouré d'un lac que les flammes n'ont pu traverser, et une pagode.

En 1860, les troupes anglo-françaises, après la bataille du pont de Pa-li-kao, suivirent la route dallée qui conduit à Pékin; mais s'étant égarées, elles prirent l'embranchement, également dallé, qui mène au Palais d'Eté; là, les troupes françaises attendirent les troupes anglaises, et, ensemble, pillèrent les palais, y compris celui, un peu plus loin, de Wan-shou-shan. Les mandarins ensuite y mirent le feu.

A l'angle nord, j'ai trouvé les ruines du palais européen, ainsi appelé parce qu'il fut construit par les Jésuites, sur le modèle du palais de Versailles.

J'aurais voulu emporter de belles sculptures de marbre blanc que le pied foule à chaque instant; j'ai essayé, mais c'était trop lourd.

Vers le centre-nord, se trouvent les ruines du palais de l'Empereur, entouré d'une haute muraille. En dehors de cette muraille se dressaient d'innombrables maisons destinées aux ministères et à leurs employés.

Mon Barthélemy, qui avait été écrivain dans un de ces ministères, avait vu le palais et le parc dans toute leur splendeur.

Vers le sud, sont les ruines du palais de l'Impératrice et du palais des autres femmes ; et, vers le milieu, les ruines du théâtre.

Que d'intrigues et que d'horreurs raconteraient ces pans de mur s'ils pouvaient parler !

Après deux heures de parcours sur ces vastes ruines, je continue ma route et, à une heure, j'arrive à un autre palais impérial, à Wau-shon-shan.

Là, dans l'intérieur d'une cour, je trouve un amoncellement de poutres ; j'en prends une pour siège et m'installe pour déjeuner.

Tous les gardiens et les habitants des environs, grands et petits, accourent pour voir l'étranger ; quelques-uns tâtent même mes vêtements, et je suis obligé de manger en présence de tout ce monde qui observe avec curiosité tous mes mouvements.

Après le déjeuner, je parcours le parc et monte sur une haute esplanade soutenue par un mur en grosses pierres ; c'est une montagne artificielle du haut de laquelle on jouit du superbe panorama de la campagne, avec Pékin dans le lointain.

Les alliés ont pillé le palais et les mandarins l'ont

brûlé. Les mandarins, en effet, ne pouvaient pas dire à l'Empereur qu'ils avaient laissé piller, et ils ont voulu pouvoir dire au Fils du Ciel que les dégâts étaient produits par le feu du Ciel.

Sur la colline artificielle, j'ai de la peine à sortir des jujubiers sauvages ; les épines emportent quelques morceaux de mon pantalon.

Je continue ma route, et après quarante kilomètres, à sept heures du soir, j'arrive au village de Sha-ho où je soupe et m'endors assez fatigué.

Je n'ai pour nourriture que le peu de provisions apportées du Pé-tang, et pour lit, que les briques de la couche chinoise.

A trois heures et demie on me réveille ; la lune brille au firmament ; à quatre heures nous partons.

A six heures le soleil se lève radieux et nous arrivons à la ville de Chang-ping-chow.

Elle est entourée d'une haute muraille en ruine et devait contenir une nombreuse population ; mais on cultive maintenant les choux dans son enceinte, et elle compte à peine 3,000 habitants, ou trois mille *vies*, comme disent les Chinois.

Au milieu de la ville, selon l'habitude indigène, se dresse une haute et grande tour carrée qui a vu bien des siècles. Nous parcourons la rue principale. Les habitants se mettent partout au travail. Au marché, je vois avec plaisir nos poivrons ou piments que je n'avais pas revus depuis l'Europe.

Après une heure, nous arrivons à l'autre porte où nous trouvons deux bourriquets plus petits que nous, pour nous porter; mais, avant de partir pour les Tombeaux des Mings, je sors mes provisions pour un rapide déjeuner.

Comme à Wan-shou-shan, tous les habitants accourent, et je suis obligé de manger au milieu d'un cercle de badauds. Plusieurs sortent d'une maison voisine et sont déguenillés; on me dit que c'est la maison des pauvres, que le gouvernement tient à la disposition de ceux qui n'ont pas de logement.

Enfin, nous montons sur nos bourriquets qui plient le dos sous le lourd fardeau, et nous voilà trottant vers les tombeaux des Mings, à 29 *lis* de distance (12 kilomètres 1/2) vers la montagne.

Nous suivons une route large de cinq ou six mètres et dallée en grosses pierres de marbre; mais, comme toujours, elle n'a pas été réparée depuis des siècles, et les trous et les crevasses y abondent.

Nous voyons sur la route des arcs, des colonnes de marbres, des ponts de marbre écroulés ou encore debout, et l'avenue commence enfin à se peupler à droite et à gauche d'animaux et de personnages de marbre : c'est l'avenue des *Monolithes.*

Nous voyons alignés sur la route, des deux côtés, quatre lions, puis quatre chameaux suivis de quatre éléphants, et de quatre chevaux; puis viennent quatre soldats debout, quatre bonzes, quatre ministres ou mandarins.

Enfin, nous arrivons à la Pagode des sacrifices. On y a accès par un beau perron de marbre sculpté; vingt-quatre grandes colonnes de sapin posées sur un pavé de marbre, soutiennent le vaste toit et le plafond, divisé en cases innombrables sculptées et pinturlurées de rouge, de bleu, de vert avec de grands serpents ailés à la manière chinoise.

Au milieu de l'édifice est un autel avec chandeliers, vases à fleurs, brûle-encens : le tout préparé pour le sacrifice.

Nous poursuivons, et obtenons qu'on nous ouvre l'enclos, où se trouve le Tombean principal, celui qui renferme les restes du fondateur de la dynastie.

L'enclos contient encore quelques beaux cyprès d'une espèce particulière, mais il renferme surtout, maintenant, un 'grand nombres de *caki*, donnant une sorte de fruit jaune et tendre qui mûrit en automne ; il est plus utile aux gardiens que le cyprès.

Le tombeau est une sorte de forteresse en brique, surmontée d'une grande pierre tumulaire en marbre posée verticalement. Le lieu où repose le corps n'est pas connu ; les ouvriers, qui le mirent à sa place, furent aussitôt envoyés dans l'autre monde pour les empêcher de divulguer le secret.

On monte dans le tombeau par un plan incliné qui conduit jusqu'au sommet.

En entrant, les pas des visiteurs sont tellement répercutés par un écho sonore, qu'on croit entendre la marche d'un nouveau survenant.

Du haut du monument, on jouit d'une vue magnifique sur la vallée : vaste amphithéâtre formé par des collines déboisées et arides, au bas desquelles gisent les autres tombeaux de la famille des Mings, au nombre de treize.

Je suppose qu'au temps de cette dynastie, qui régnait avant la dynastie actuelle, cette vallée devait être transformée en parc, avec des collines mieux boisées; aujourd'hui, l'agriculteur promène partout sa charrue, soit qu'il cultive pour son compte, soit qu'il cultive en métairie ou à loyer, moyennant caution.

Les *caki* sont là en grande abondance; on en récolte les fruits pour les faire sécher au soleil et les conserver pour l'hiver.

Au dehors de l'enclos, un paysan chasse avec des engins qui nous sont peu familiers : il a sur son bras une espèce de petit faucon qu'il lance vers le lièvre; l'oiseau plane, et aussitôt qu'il aperçoit de loin sa victime, il plonge, lui crève les yeux ou lui perce le crâne, et le chasseur n'a plus qu'à aller le prendre.

Les oiseaux de proie abondent dans le pays.

Pour préserver les pigeons, les Chinois ont imaginé d'attacher sur leur queue un engin de bois léger, percé de plusieurs trous : lorsqu'ils volent, l'air qui pénètre dans ces trous produit un sifflement d'un son fort et sourd qui effraie les oiseaux de proie; à Pékin, on est sans cesse étourdi par cette curieuse musique.

En quittant le tombeau des Mings, il nous reste encore trente lis (quinze kilomètres) pour arriver à Nan-Kow, où nous devons dîner : Barthélemy pousse son âne qui bientôt fait la cabriole entraînant son cavalier.

Nous traversons deux ou trois villages, tous plus pauvres les uns que les autres, et à une heure nous arrivons à Nan-kow. Cette ville fortifiée est la première qu'on trouve en sortant du défilé des montagnes que ferme la Grande Muraille.

Le maître de l'auberge où nous descendons avait

L'avenue commence à se peupler d'animaux et de personnages de marbre (page 86)

été blessé par un éclat d'obus à la prise des forts de Taku, et il se plaisait à faire des avanies aux « *diables d'étrangers.* » Heureusement, il est mort, et son fils qui n'a point eu d'obus, n'en veut qu'aux piastres.

Après un court déjeuner, je monte sur un blanc cheval mongol harnaché de cordes, avec deux anneaux de bois pour étriers. Je trotte le long d'un torrent desséché, encombré de pierres de roches arrondies. Le passage est étroit et facile à défendre.

Avant la nuit, nous arrivons à la Grande-Muraille, qui a vu tant de siècles. Elle a été bâtie par l'Empereur Che-Kwang-té, — le premier empereur de la dynastie des Tsin, — deux cent quarante ans avant Jésus-Christ. Elle commence à Lyn-teaou, au Shensi ouest, et finit à la mer, à Liao-tong, avec un parcours de plus de 1,500 mille (2,400 kilomètres). La Grande Muraille court sur les montagnes, plonge dans les gorges, traverse les fleuves et les marais. Elle est surmontée de créneaux et flanquée, de distance en distance, de tours hautes de quarante pieds. Six chevaux de front peuvent marcher dessus; elle est large de six mètres et haute de six. Elle est bâtie en pierres jusqu'à la hauteur d'un mètre, et pour le reste en grosses briques grises, à demi cuites, comme les briques de Pékin; leur dimension est de quarante à cinquante centimètres de long, sur 0,20 de large, et 0,10 d'épaisseur.

Ce revêtement de briques ne forme que les deux parois de la muraille : l'intérieur est de terre durcie, peut-être pétrie avec quelque ciment.

Le tiers de tous les hommes de la Chine fut employé à cette immense construction, et elle put être terminée en cinq ans.

On a calculé qu'il a fallu plus de briques pour cette immense muraille que pour toutes les maisons de la Grande-Bretagne; on a calculé encore qu'elle suffirait à entourer la terre d'un double cercle de six pieds de haut et de deux pieds d'épaisseur.

Ché-Kwang-té l'avait construite pour se défendre des incursions des Mongols, qui pourtant règnent en ce moment sur la Chine ; elle ne sert plus aujourd'hui que comme barrière de douane ; elle est souvent crevassée et l'herbe pousse partout.

Au village de Chü-yung-kwan, où existe présentement la douane, elle se divise en plusieurs branches : les unes montent presque à pic sur la montagne, les autres couronnent le sommet de divers plateaux ; outre les tours, on voit par-ci par là quelques forteresses.

Au centre de ce même village s'élève un bel arc de triomphe en marbre richement sculpté.

C'est près de cet arc qu'un grand Chinois, sans doute poussé par sa femme qui se tenait derrière lui, m'appelle et me débite un discours que je ne puis comprendre.

Barthélemy m'explique qu'il demande si je suis médecin, et si je puis lui indiquer un remède pour se délivrer de l'opium :

« Je le fume, dit-il, huit fois par jour et je sens qu'il me ruine et me tue ; grand étranger, viens à mon secours et guéris-moi. »

Au retour, nous avons beaucoup de peine à nous frayer un passage au milieu des centaines de chameaux sur lesquels les Mongols portent les briques de thé à travers leur pays, jusqu'à la Sibérie : il leur faut cinq jours pour traverser les montagnes, vingt ou trente jours pour arriver à Kia-ta, frontières de la Russie.

Ces chameaux sont les plus grands que j'aie jamais vus : ils sont tous attachés à une corde qui leur traverse le nez et qui est liée au chameau précédent, en sorte qu'un seul conducteur peut en diriger plusieurs.

Ils portent, sur leur dos à deux bosses, trois petites caisses qu'on dit très lourdes, parce que le thé qui est de qualité inférieure, et destiné au peuple russe, est comprimé de telle sorte qu'il a la forme, la densité et le poids des briques de terre.

Nous rencontrons aussi, sur notre route, un mandarin voyageant en chaise, et d'innombrables troupeaux de magnifiques moutons qui viennent de la Mongolie alimenter le marché de Pékin.

Nous apercevons un cavalier qui pousse sa mule au trot à travers des rochers, dans des chemins de chèvres : c'est le courrier de Pékin ; dans quatre heures, il cédera les lettres à un autre ; là, où les bêtes ne peuvent passer, c'est un piéton qui prend le paquet et le porte en courant, pour le céder, une heure après, à un autre piéton ou cavalier. La poste rapide a des relais beaucoup plus fréquents que la poste ordinaire.

Enfin, après beaucoup de peine, à nuit close, nous arrivons à Nan-how. Mon Barthélemy et le charretier font bombance ; mais moi, exténué par les sursauts de la voiture du matin, et par les 60 kilomètres faits à âne ou à cheval, je puis à peine prendre un peu de nourriture ; je m'étends sur les briques de la dure couche chinoise. Mon repos ne sera pas long.

Il nous reste, pour demain, de soixante à soixante-dix kilomètres à faire pour rejoindre Pékin, et il faut y arriver de bonne heure, car les portes ferment au soleil couchant. A deux heures et demie du matin, j'éveille mon monde qui dort profondément ; le charretier est de mauvaise humeur et nous ne partons qu'à trois heures et demie.

Durant une heure et demie, nous marchons à pied le long du lit désséché de la rivière ; la charrette a de la peine à s'y frayer un passage, et elle aurait dégringolé mille fois, sans le secours de la lanterne ; toujours même procession de chameaux et de moutons.

A la pointe du jour, à six heures, nous voici de nouveau sous les murs de Chang-ping-chow, que nous traversons pour prendre à l'autre bout, au pied de la muraille, un peu de nourriture à la hâte. Nous obliquons à gauche, et à dix heures nous arrivons au village de Tang-shan, station d'eau minérale avec bain impérial.

Moyennant sapèques, nous obtenons l'entrée de l'enclos des bains. Nous traversons un ancien parc couvert de ronces et d'épines, puis des ruines et des ruines, et nous arrivons à deux grandes piscines de marbre, dans lesquelles bouillonne une eau sans saveur et sans odeur, chaude à quarante degrés, et produisant des fanges comme les eaux des environs de Padoue *aie Monti Euganei*. A côté, est une petite piscine que je fais remplir, et j'y prends un bain.

La piscine de l'Empereur, ses logements, ceux des Ministres et des femmes sont en ruines.

M. de Rochechouart, notre Ministre à Pékin, avait obtenu de restaurer à ses frais une pagode pour une cure qu'il venait faire ici tous les ans.

Le gouvernement de Pékin alloue 3,000 taëls par an pour l'entretien des bains de Tang-shan, mais la presque totalité reste en route; il n'en arrive au mandarin gardien qu'à peine 150, y compris son traitement.

Aux abords du mur de clôture, le long du ruisseau par lequel l'eau s'écoule, on voit les femmes qui viennent laver leur linge : il paraît que cette eau chaude leur économise le savon.

Dans le village, il y a deux piscines destinées au peuple, une pour les hommes, l'autre pour les femmes, mais parfaitement sordides.

Après un autre repos pris au milieu des gens du village, nous continuons notre route sur Pékin.

A mesure que nous approchons de la ville, les tombeaux se multiplient, et ils couvrent un grand espace de terrain, au détriment de l'agriculture. Parfois, on permet aux pauvres de cultiver entre les tombeaux.

Les riches Chinois ont aussi emprunté aux habitudes chrétiennes, et donnent quelquefois en aumône des vêtements et des vivres, et le produit de certains terrains qu'ils livrent aux pauvres pour la culture.

Nous arrivons à Pékin avant la fermeture des

portes, et nous passons sous la tour de la cloche qui sonne au coucher du soleil.

Aux quatre coins de la tour, le tambour se fait entendre, et annonce aux veilleurs de nuit que l'heure de leur besogne est arrivée : ceux-ci sortent munis de deux petits moceaux de bois, et parcourent toute la nuit le district qui leur est assigné, en frappant ces bois l'un contre l'autre; il faut longtemps pour s'habituer à dormir avec un pareil bruit. Cette institution est répandue jusque dans les moindres villages.

A Pékin, ces pauvres veilleurs reçoivent un peu de riz, et trois francs cinquante par mois, pour passer ainsi toutes leurs nuits.

Enfin, à sept heures, j'arrive au Pé-tang, les os brisés et exténué de fatigue. Je n'y retrouve plus mon bon Père Favier : il est allé dans le nord, à trois jours de distance, prêcher une retraite à une chrétienté des montagnes; mais il a laissé un suppléant en la personne du Père Prévost.

Le matin, je me rends au cimetière portugais, accompagné par un catéchiste chinois.

Sur ma route, je vois démolir quelques maisons pour améliorer la voie, à l'occasion du convoi des funérailles de l'Impératrice; je vois aussi la femme d'un mandarin, en charrette. Une servante, assise sur le brancard, chasse la poussière pour en préserver sa maîtresse; deux hommes à cheval escortent, à droite et à gauche, l'insigne promeneuse à la face poudrée, aux lèvres fardées et portant de jolies fleurs artificielles dans les cheveux.

Mon catéchiste parlait un peu latin et pouvait me donner quelques renseignements.

Après une heure de marche à travers la ville et la campagne, nous arrivons devant une grande noria : une vingtaine d'enfants poussaient les manivelles qui, donnant le mouvement à une roue perpendiculaire, soulevaient les seaux de bois et les versaient dans la rigole qui allait arroser les légumes.

A côté, quatre autres jeunes gens tournaient chacun, au moyen d'un bâton, un cylindre qui, en roulant une corde, tirait du puits un gros seau déversé dans les rigoles.

Les Pères cultivent en cet endroit l'excellent chou chinois, et beaucoup de primeurs, dans des caisses de terre recouvertes de châssis de verre ou de nattes.

Les enfants, qui arrosaient, appartenaient à l'orphelinat créé et dirigé par les Pères. Les orphelins y sont au nombre de cent vingt-six et apprennent les divers métiers d'agriculteur, tailleur, cordonnier, menuisier, sculpteur.

A côté de l'orphelinat s'étend le vieux cimetière portugais rempli des tombes des anciens jésuites qui, depuis deux siècles, ont évangélisé la Chine. J'ai copié l'inscription mortuaire d'un des plus célèbres, le Père Ricci, et je la transcris ici :

P. Mathæus Ricci, Italus Maceratensis, Societatis Jesu professus in qua vixit annos XLII expensis XXVIII in sacras apud sinas expeditiones ubi primus,

cum christiana fides exercitium jam inveneretur, sociorum domicilia erexit, tandem doctrina et virtutis fama celeber obiit Pekini, anno Christi MDCX die XI maii ætatis suæ XIX.

A mon retour, étant fatigué, je saute sur un des ânes qu'on trouve dans les rues, et à midi et quart j'arrive au Pé–tang.

Dans l'après–midi, nous allons faire, avec M. Cotteau, nos visites d'adieu à la Légation de France et au Ministre d'Espagne. Nous saluons aussi M. Paul Splinger, un Belge employé à la douane chinoise : il a épousé une Tartare et va retourner dans sa station, aux confins du Thibet. Nous allons ensuite faire une collection de photographies dans la ville chinoise.

Nous passons encore une fois sur le pont des mendiants : c'est un pont de marbre littéralement occupé par des mendiants debout, assis, accroupis ou couchés par terre ; les uns sont tout couverts de haillons, pleins de gros poux qu'ils mangent avec délices, d'autres sont complètement nus ou couverts d'un morceau de natte : la misère est si grande à Pékin que, tous les hivers, il y meurt cinquante à soixante personnes par jour de faim et de froid.

On dit que l'Impératrice fait distribuer des vivres et des vêtements, mais les pauvres les vendent ou les jouent et retombent dans le dénûment.

La passion du jeu est tellement forte chez ce peuple, qu'on voit souvent des individus, qui ont perdu jusqu'au dernier vêtement, jouer les phalanges de leurs doigts : le partenaire les coupe impitoyablement si la chance est pour lui.

Nous voyons partout des enfants tendre la main et se rouler par terre comme des cylindres pour obtenir quelques sapèques ; il nous étourdissent avec les cris de : *ta-loé, ta-loé* (grand seigneur). Des femmes viennent aussi à chaque instant offrir le bâtonnet allumé pour la pipe ou le cigare, en demandant l'aumône.

Vers le soir, nous rentrons au Pé-tang.

Nous sommes suivis d'une douzaine de Chinois qui trottent dans la même direction (page 100)

CHAPITRE VI

Départ de Pékin. — Tien-Tsin. — Les massacres de 1870. — Une tempête dans le golfe du Pé-chi-ly. — Retour à Shangai. — L'arsenal. — Le tribunal mixte. — La bastonnade.

Dimanche 23 octobre 1881.

Le 23 octobre, nous avons décidé de partir par bateau afin d'éviter les horribles secousses de la charrette. Une voiture devait nous porter à cinq ou six lieues à Tung-chow, lieu d'embarquement, mais il fut impossible d'en trouver aucune; les mandarins, au retour, les auraient réquisitionnées pour les bagages des gens qui doivent suivre le convoi dans les funérailles de l'Impératrice. Nous sommes donc réduits à chevaucher à âne.

A onze heures, après avoir pris congé de nos aimables hôtes, nous nous mettons en route.

Bientôt, au sortir de la ville, nous sommes suivis d'une douzaine de Chinois et d'un Coréen qui trottent aussi dans la même direction; nos ânes, pris d'émulation, font des prodiges, et à quatre heures, nous arrivons à Tung-Chow au moment où défile un grand cortège de mariage.

La rue principale est obstruée de curieux et de musiciens, de porteurs de lanternes et de drapeaux au milieu desquels s'élève la chaise dorée qui porte l'épouse : nous sommes forcés de prendre une rue de traverse pour atteindre le quai d'embarquement au point convenu avec Barthélemy.

Nous avions expédié celui-ci avec nos bagages, le matin à sept heures, pour qu'il vînt arrêter une jonque; nous ne le trouvons pas, et il nous est impossible de nous faire comprendre.

La ville est grande; elle contient plus de quatre mille habitants; le quai est d'une longueur interminable : où irons-nous trouver notre Barthélemy? Nous étions fort en peine, lorsque nous le voyons déboucher par une rue : nous sommes sauvés.

C'est à Tung-Chow que les armées alliées, en 1680, envoyèrent à l'armée chinoise une vingtaine de parlementaires : ceux-ci, contrairement au droit des gens, furent saisis, garottés, mis en cage et tellement torturés que la moitié en moururent. Les troupes alliées, indignées, marchèrent en avant, battirent près de là les troupes chinoises au pont de Pali-kao et pillèrent le Palais d'Été.

Bientôt le bateau est trouvé : nous achetons des provisions pour deux jours, et nous voilà partis.

Notre jonque est fort grande, cinq ou six personnes peuvent s'y loger commodément ; sous le toit rond, de natte, l'espace est divisé en deux, une chambre pour les hommes, l'autre pour les femmes ; deux rameurs manœuvrent chacun une longue rame, et un garçon est au gouvernail. Il semble que nous serons à l'aise : pas du tout

Et d'abord, durant notre souper, nous nous apercevons que nous n'aurons d'autre eau que l'eau sale, jaune et bourbeuse de la rivière ; heureusement que le Père Prévost avait mis dans notre panier quelques bonnes bouteilles de vin du Pé-tang. Ce vin est un des meilleurs que j'aie jamais bu ; il est fait avec du raisin *braquet* que les Pères récoltent dans leur jardin. Les Pères font aussi un vin qui a toutes les qualités du vin de Chypre. Si on me laissait cultiver la vigne à Pékin, j'aurais bientôt fait fortune.

A peine sommes-nous couchés sur la dure planche, que nous sentons les courants d'air souffler de tout côté ; je me place donc à fond de cale ; mais bientôt, je suis couvert de cafards dont je brûle quelques douzaines avec ma chandelle, et je finis par faire avec les autres bonne compagnie : ils étaient si humbles lorsqu'ils venaient prendre les miettes qui tombaient de mon repas, que je finis par leur pardonner.

Les bateliers avaient promis de nous faire arriver à Tien-tsin, le mardi matin, à cinq heures; je leur promets une demi-piastre de bonne main s'ils arrivent à trois heures et nous convenons qu'ils prendront les hommes nécessaires pour ramer jour et nuit sans discontinuer.

Or, pendant la nuit, je m'aperçois que les rames ne marchent plus; je sors et je trouve mes hommes occupés à manger le riz : je gronde et leur fais comprendre par signe que, à tour de rôle, l'un peut manger et dormir, et les autres deux voguer.

La première nuit se passa sans rien de nouveau.

Le lendemain, nous continuons à descendre la rivière, parcourant ses tours et détours dans un pays plat, privé d'arbres, semé de blé et presque inhabité à cause des inondations.

Nous rencontrons, de temps en temps, quelques processions de jonques avec la voile déployée. Celles qui remontent le courant sont tirées, au moyen d'une corde attachée au bout du mât, par des hommes qui, au nombre de cinq ou six, ou de dix à douze marchent sur le bord de la rivière. A part cela, nous n'avons d'autre distraction que le lever et le coucher du soleil.

La deuxième nuit, nos bateliers prennent un homme de renfort, mais il sont fatigués et je dois les réveiller sans cesse pour les faire voguer; aussi, le mardi matin, nous étions encore loin de Tien-tsin, et ce n'est qu'à midi que nous débarquons devant le Consulat de France.

Nous avions ainsi mis quarante-trois heures à descendre les deux cents kilomètres de la rivière avec tous ses zigzags; la route, en ligne droite, n'est que de quatre vingt-cinq milles, environ cent kilomètres.

M. Dillon, notre Consul, nous accueille avec sa bienveillance habituelle, et nous restaure par un bon déjeuner. Nous faisons porter ensuite nos bagages au *Pé-chi-li*, navire de la Compagnie Jardine. Il n'est construit que pour les marchandises et n'a point de cabine; le capitaine nous offre son salon.

Nous rendons visite au Père, Cokset, lazariste qui nous installe à la *Procure* et nous fait dîner avec Mgr Bulté, jésuite, vicaire apostolique du Chi-li occidental. Une nuit passée dans un lit, c'était une fortune! Je pris un bon repos.

Mercredi 26 *octobre*, à huit heures du matin, M. Dillon vient nous chercher; il veut bien se faire notre *cicerone* et nous montrer les endroits intéressants du Tien-tsin.

Nous avions surtout demandé à voir les établissements français et les endroits témoins des massacres de 1870.

Combien peu les touristes français se soucient de ces choses! ils ne demandent qu'à parcourir les boutiques de bibelots pour lesquels ils dépensent des sommes fabuleuses.

Notre matinée fut remplie d'aventures, au moins pour M. Cotteau.

Les djinrikisha ne sont introduits à Tien-tsin que

depuis le mois d'août dernier, et ceux qui les conduisent sont encore novices.

Monsieur Cotteau monte en voiture, et son conducteur le laisse renverser en arrière ; la victime se débattait sur son dos sans pouvoir se relever, comme une tortue qui a les quatre pattes en l'air.

Le Consul, au lieu de l'aider, administrait une bastonnade en règle au malencontreux conducteur : le tableau était à photographier.

Je viens au secours de M. Cotteau, et l'aide à se relever, à reprendre son casque et sa voiture.

Nous parcourons la partie des Concessions non bâties : on rencontre des flaques d'eau partout, et de nombreux canards sauvages qui ne demandent qu'à être tués et mangés..

Nous arrivons sur un mur en terre élevé de cinq ou six mètres et entouré d'un fossé plein d'eau. Ce talus a dix lieues de circuit ; il a été construit pour protéger la ville contre les Taé-pings. Il est assez large pour que nos voitures puissent y passer sans danger.

De ce point élevé, nous jouissons d'une belle vue sur la campagne, sur les Concessions françaises et sur la ville chinoise.

M. Cotteau marche en tête et court un autre danger : des soldats chinois tirent à la cible contre l'une des extrémités du rempart ; quelques balles envoyées trop haut sifflent à ses oreilles.

Nous arrivons à la Pagode des Traités, ainsi nommée parce qu'on y signa les traités avec les

Puissances, en 1861. Le pauvre M. Cotteau est encore menacé de mort : il regardait, la tête en l'air, la grosse cloche que M. Krupp, le fameux fondeur de canons, a envoyée au vice-roi du Chi-li, lorsque tout à coup le battant s'ébranle et, poussé par un ressort, frappe fortement à la cloche rasant la tête du pauvre touriste.

Près de la Pagode des Traités, nous visitons une fabrique de cartouches dirigée entièrement par des Chinois. Dans un autre quartier, un arsenal assez complet fabrique aussi des fusils.

Poursuivant notre route, nous arrivons à la ville chinoise, grand carré d'un kilomètre de côté, entouré d'une muraille. La population y fourmille ; elle est estimée, y compris les faubourgs, à 930,000 habitants.

Nous visitons quelques boutiques de bibelots, mais sans rien acheter, tant les prix sont élevés. Nous nous procurons pourtant ailleurs quelques statuettes en terre cuite ou peinte ; la physionomie, le coloris sont parfaits : c'est une spécialité de Tien-tsin.

Madame Dillon nous avait aussi procuré des queues de yack, autre spécialité de ce pays.

Nous parcourons les faubourgs ornés de riches magasins ; dans plusieurs, on vend aux enchères des vêtements d'hiver.

Nous arrivons au Canal impérial qui, se détachant du Péi-ho, traverse la Chine, rejoint la rivière bleue ou Yang-tsze-kiang, et descend dans le sud. C'est l'œuvre la plus colossale du monde ; mais, dans ce moment, une partie n'est pas entretenue et se trouve hors de service.

Nous voici enfin devant le palais du vice-roi. C'est en sortant de ce palais et longeant le quai qui mène à l'ancien Consulat, que M. Fontanié, consul de France, fut massacré en 1870.

A la porte du Consulat, furent immolés aussi deux jeunes époux arrivés de France la veille, et se rendant à Pékin; ils cherchaient à s'enfuir vers leur barque.

L'église, brûlée par les rebelles, a encore debout la moitié de ses murs et la tour élevée.

Le Père Chevier, blessé à mort, sauta un mur et vint mourir dans une autre cour! seize tombeaux sont alignés dans cette cour; ils ont été construits aux frais du gouvernement chinois; sept d'entre eux, à gauche, contiennent les restes mutilés et informes de dix sœurs de Saint-Vincent de Paul, massacrées avec leurs orphelines à l'orphelinat situé à deux milles de là.

Plus tard, trois autres sœurs ont voulu être enterrées à côté d'elles.

A droite, sont les tombeaux de M. Fontanié, des deux jeunes époux et de trois Allemands ou Russes qui furent massacrés le même jour.

L'ancien consulat a été rasé. Le gouvernement chinois a donné deux millions d'indemnité pour les familles des victimes.

Mgr La Place refuse de relever les ruines de l'église, à moins que l'empereur n'accorde d'y placer une inscription impériale : ces inscriptions sont toujours respectées par le peuple; sans cette précaution, on risquerait de la voir de nouveau démolir.

Pour garantir la tranquillité, des canonnières de diverses nations, et surtout une canonnière française, stationnent, chaque hiver, à Tien-tsin dans les glaces du Pei-ho.

On sait que ces massacres sont dûs à la mésintelligence qui régnait entre le vice-roi de Tien-tsin, le maire de la ville et le gouverneur de la province : ces deux derniers étaient hostiles aux chrétiens et fomentaient le trouble sans croire qu'il pût aller si loin; le vice-roi, dans le désir de les compromettre, les laissait faire; l'imprudence du consul Fontanié qui, refusant de croire au danger, ne sut rien faire pour le prévenir, le tout fut cause de ce déplorable évènement qui aurait pu coûter plus cher à la Chine, si la France n'avait eu, en 1871, la Prusse sur les bras.

Les deux mandarins coupables furent envoyés en exil; le vice-roi dut venir en France faire des excuses au gouvernement qu'il ne savait où trouver : il fut présenté à l'Empereur qui disparut à Sedan, puis à l'Impératrice qui régna quelques jours, puis à la Députation de Tours, à l'Assemblée de Bordeaux, et enfin à M. Thiers.

Au retour, nous prenons un raccourci à travers de sales ruelles et la campagne encore plus sale. Nous voyons creuser des fossés destinés à conserver, pendant l'hiver, les fruits et les légumes; on les recouvre et on y fait du feu comme dans une serre.

A une heure, nous arrivons au Consulat où le déjeuner nous attendait. Là, on nous apprend que le *Hae-ting*, navire de la Compagnie-Chinoise, est arrivé, et qu'il part demain de grand matin.

Nous y transportons nos bagages, non sans peine, car sur le *Pé-chi-li* on embarquait une cinquantaine de chevaux par un procédé primitif et dangereux : on les conduisait à bord, où les Chinois leur serraient avec une corde la lèvre supérieure, d'autres les tenaient par la queue, jusqu'à ce qu'on pût les envelopper d'une toile au moyen de laquelle le treuil les hissait en haut et les descendait dans la cale. J'en ai vu quelques-uns se cabrer et s'élancer en renversant tout sur leur passage. Ces chevaux mongols, qui ont été achetés cinquante francs à Pékin, seront vendus trois cents francs à Shangaï, cinq cents francs à Hong-Kong, et huit cents francs à Calcutta.

Nous rendons visite à M. Weber, consul russe, pour lequel M. Cotteau avait des lettres.

Madame Weber m'a paru une des femmes les plus gracieuses qu'on puisse rencontrer; ses nombreux petits enfants, à l'éducation desquels elle se dévoue, sont gracieux comme la mère.

Elle retient M. Cotteau à dîner, pendant que je vais partager la table de M. Gauvin, qui avait réuni quelques amis pour la soirée. Ce capitaine de frégate en retraite, est maintenant pour trois ans au service du gouvernement chinois; avec le commandant Mignard, il est chargé d'organiser la marine dans le nord ; leurs appointements sont de cinq à six cents taëls par mois, (le täel vaut de sept à huit francs). Un des fils de M. Gauvin est né à Nice, rue Cassini; sa fille aînée entre au Carmel.

Nous parlons de la déplorable infériorité de notre personnel consulaire et diplomatique, de la nécessité d'améliorer son instruction professionnelle. Il n'y aurait pour cela qu'à imiter l'Angleterre, toujours pratique : ses élèves, consuls ou diplomates, commencent par arriver dans le pays auquel ils se destinent, et passent plusieurs années à y apprendre la langue. Outre leur traitement de cinq mille francs comme élèves, les premiers numéros aux examens reçoivent une prime; ils deviennent alors interprètes, ou commis-chanceliers, puis chanceliers, puis consuls, parcourent les postes d'un même pays, et finissent par le connaître parfaitement.

Lorsqu'ils réussissent bien dans un lieu, on les y laisse, en leur donnant des avancements sur place. Le Ministre actuel de la Grande-Bretagne, en Chine, est dans ce pays depuis trente-cinq ans; il y a commencé sa carrière comme interprète; aussi est-il un des sinologues les plus distingués.

Au Japon, M. Harry Park est aussi le diplomate le plus capable parmi les ministres des diverses nations; et presque partout le même fait se produit. Chez nous, malheureusement, on envoie quelquefois les consuls et les diplomates d'un bout du monde à l'autre, sans autre raison que celle d'augmenter le traitement : le fonctionnaire ne s'attache pas au pays, il cherche à en sortir le plus tôt possible pour un autre poste plus lucratif, et ne fait aucun travail utile. Il arrive même qu'un consul ou chancelier est changé plusieurs fois de poste dans une même année, et envoyé souvent dans un pays dont il ne connaît pas même la langue.

Je ne veux pas quitter Tien-tsin sans tenter la fortune : une partie des terrains de la Concession est encore à vendre au prix minine d'environ sept cents francs l'hectare; je prie M. Gauvin de m'en acheter un hectare, et le Père Cokset de l'administrer. Lorsque le chemin de fer me conduira voir aux antipodes mon nouveau domaine, il vaudra peut-être un million de francs.

Après avoir pris congé de tous ces braves gens, à dix heures, je rentre au bateau pour y passer la nuit.

Jeudi 27 octobre. Le matin, je m'éveille croyant que le steamer a déjà fait un bout de chemin : il était encore sur place.

A dix heures, il essaie de tourner, un radeau de mille poutres lui barre le passage; le *Pé-chi-li* prend le devant, et nous partons après lui.

A midi, le *Pé-chi-li* est pris sur un banc de boue et nous barre la route; il lance un câble à notre navire qui essaie en vain de le tirer de là. Durant ce temps, notre capitaine stoppe et vient déjeuner. En remontant sur le pont, nous ne voyons plus le *Pé-chi-li*; il s'était débourbé et avait suivi sa route; mais nous, nous avions perdu une heure, c'est-à-dire assez pour manquer la marée à la barre du fleuve.

Vers la nuit, nous arrivons à Taku. Nous passons

devant le yatch de Lyoung-tchang, et à sept heures, on jette l'ancre à la barre du fleuve : nous sommes là pour toute la nuit.

Vendredi 28 *octobre*. Le matin, à cinq heures et demie, la marée permet de passer, et aussitôt entrés en pleine mer, le vent souffle avec violence, les vagues

Je parcours, avec un chinois, les magasins de la ville indigène (page 113)

forment des montagnes et des vallées entre lesquelles notre navire balloté avance lentement. Je passai la journée et la nuit au lit en me cramponnant avec force pour ne pas être enlevé de ma couchette.

Samedi 29 *octobre*. A neuf heures, nous entrons en baie de Ché-fou. Les navires à l'ancre sont horrible–

ment secoués ; on charge et décharge, et, à trois heures on continue la route. Sur le pont, je trouve de gentils oiseaux que l'orage à tués dans sa violence.

Dimanche 30 *octobre*. La nuit du samedi et le dimanche se passent sans incidents. La mer perd de sa fureur, la gaieté revient aux passagers, la table se garnit encore. J'ai, à mes côtés, M. le Baron de Bulow, un des officiers allemands qui sont venus avec moi depuis San-Francisco, et en face, un *Tao-Tai*, ou gouverneur chinois, qui voudrait bien se faire comprendre, mais il ne peut parler que par signes.

Lundi 21 *octobre*. La nuit est plus calme. Le matin, nous apercevons les terres, l'eau devient de plus en plus bourbeuse : nous approchons du Yan-tzé.

Un passager anglais, qui voyage pour le compte des missions protestantes, nous raconte que, depuis quatre ans, il parcourt l'intérieur en tout sens, et qu'il a pu constater un notable progrès dans la sécurité du voyage : les Chinois l'entourent bien par curiosité, mais aucun ne lui a été hostile. En cas d'embarras, il a toujours eu recours au Yamen ou à l'autorité qui n'a jamais manqué de faire respecter le passe-port. Vers deux heures, nous sommes sur le Wang-poo ; à trois heures, nous passons la barre à Woo-sung, et à quatre heures, notre steamer, qui a un chargement de cartouches, s'arrête à une lieue de Shangaï pour décharger.

C'est dans un petit sampan, en forme de gondole de Venise, que, vers six heures, nous arrivons au quai et à l'hôtel des Colonies. Le *Tsin*, steamer des messageries maritimes, va partir dans la nuit du mardi au mercredi; le prendre, c'est manquer Canton pour Saïgon. Nous étions, au reste, assez fatigués pour avoir besoin de quelques jours de repos.

Le mercredi soir, M. Cotteau monte sur un navire qui doit remonter le Yan-tzé jusqu'à Han-kao (trois cents lieues), j'hésite et finis par le laisser partir seul : par suite de mon excursion à la Grande Muraille, je suis fatigué, et j'ai besoin de mettre ordre à mes notes. Au reste, je puis ici voir de près beaucoup des usages chinois; les tribunaux, les bastonnades, la cangue, la torture, les camps des soldats, l'arsenal, les courses de chevaux, etc, et faire quelques achats de porcelaine, de thé, de soie.

M. Cotteau ne pourra être de retour que dans huit jours; il manquera mercredi la malle anglaise, et, s'il ne trouve d'autre navire, pour Hong-kong, avant la malle française, il sera dans le même embarras pour Canton et Macao.

Mardi, 1er novembre. Le 1er Novembre, jour de la Toussaint, je passe la journée à prendre des renseignements divers. Le lendemain, après la messe des morts, je parcours avec un Chinois les magasins de la ville indigène et j'y fais diverses emplètes de porcelaine de Kiukian, de peintures chinoises, de tabac, pipes, soie, peaux de chèvre de Mongolie, etc.

Le Père Meugnot, procureur des Lazaristes, me donne deux boîtes de thé du Chan-si, le meilleur de Chine, don des chrétiens de cette province, et j'achète une grosse caisse en bois de camphrier pour emballer tous mes achats : elle servira à Nice à préserver des mites les habits de laine.

Jeudi 3 *novembre*. Entre la rédaction de quelques pages de mon journal, je fais plusieurs visites et une excursion au champ des courses. Depuis hier, la ville est sens dessus dessous, les bureaux sont fermés : ce sont *les Races*. Les Anglais portent avec eux cette institution partout où il vont, fût-ce le bout du monde.

A Pékin, j'arrivais le lendemain des courses; à Tien-tsin, le jour de mon départ était le jour des courses; ici elles vont durer trois jours. Je constate pourtant une amélioration : les individus, qui montent les chevaux, ne sont pas des jokeys mercenaires : ce sont des amateurs ; ils prendront plus de souci pour conserver leurs personnes et leurs chevaux. Les Chinois accourent en masse : les mamans avec leurs bébés bariolés. Les Européens sont tous dans l'enceinte réservée, dont l'entrée est à trois dollars pour une course, ou six dollars pour les trois jours. La pluie tombe, mais la foule ne discontinue pas.

Vendredi, 4 *novembre*. Je visite l'arsenal où les Chinois fondent d'énormes et nombreux canons, genre Krupp. Je pénètre dans l'enceinte d'un camp de soldats et vois leurs exercices et leur tir; leur maintien me paraît peu martial. Le Père Tournade me conduit visiter l'établissement des Sœurs Auxiliatrices. Elles ont, en ville, un pensionnat avec vingt-cinq élèves, un orphelinat avec trente élèves et quatre-vingt-quinze externes. Pauvrement logées jusqu'à ce jour, elles viennent de construire une belle et vaste maison où leurs œuvres pourront se développer. Leurs orphelines sont presque toutes de sang mêlé; elles les marient de bonne heure.

Le soir, je passe plusieurs heures avec M. Galambert, à compiler des chiffres de douanes, et à huit heures, je me rends chez M. Bell qui m'avait invité à dîner : Madame est radieuse de diamants, elle fait les honneurs de sa maison avec une grâce exquise.

Les invités sont en habits et cravate blanche ; je suis en redingote et cravate noire, mais un capitaine russe est dans le même costume, je me console. Je n'énumèrerai pas les mets et les vins de cette table de Sardanapale; les riches négociants peuvent se traiter ici à l'égal des princes. Après le dîner, M. et Mme Bell, égaient la société par le chant et la musique, et quoique parlant peu le français, M. Bell poussa la condescendance jusqu'à chanter une romance française. A onze heures, je prends congé.

Samedi 5 *novembre.* A dix heures je me rends au Consulat français, à la salle des audiences, pour y voir fonctionner le Tribunal mixte. Le commissaire de police français, qui est de Toulouse et me reçoit, me fait asseoir dans l'enceinte réservée. Un mandarin, assisté de son secrétaire, procède à l'interrogatoire des divers prévenus; ceux-ci se tiennent à genoux, les mains à terre ; ils répondent aux questions, et sont absous ou condamnés à l'amende au profit d'une caisse de secours, s'ils ont de l'argent, ou bien à la prison ou à la cangue ou à la bastonnade. Quelques femmes sont aussi amenées et interrogées.

Le reste du jour est employé à écrire et à emballer ma caisse.

Dimanche, 6 *novembre*. — A huit heures, je me rends à la mairie française; le mandarin arrivé, on descend à l'antichambre des prisons; des curieux se pressent à la porte. On appelle par ordre les condamnés; le premier arrive, on le fait mettre à genoux; il subit un court interrogatoire, puis un sbire le saisit par la queue et le jette à terre, un autre lui tire son pantalon et s'agenouille sur ses jambes; à un signal, un Chinois frappe avec un bambou, sur les muscles des cuisses, vingt coups à la même place; le patient hurle et se débat, mais le sbire le tient par la queue et lui presse le dos sous ses genoux : au premier exécutant en succède un second qui frappe lui aussi vingt coups à la même place, puis un troisième; quelquefois la condamnation est portée jusqu'à 5,000 coups qu'on reçoit en plusieurs jours; le malheureux se relève, pouvant à peine se tenir sur ses jambes; il remonte son pantalon, se met à genoux pour remercier et reprend sa liberté : il avait volé un parapluie. La même opération se renouvelle pour un second : il avait volé un vêtement. Après plusieurs bastonnades, arrive une femme; elle ne subit pas le bambou, mais on la frappe à la joue et sur les dents, avec trois ou quatre lanières de cuir semblables à des semelles de souliers : elle se débat, crie, pleure, mais sa tête est serrée entre les mains des exécuteurs; elle remercie à genoux et va laver le sang qui lui sort par la bouche.

Après l'exécution des jugements, vient l'interrogatoire des prévenus. Les uns sont accusés de vol, les autres de jeu; pour les faire avouer, on les soumet à la bastonnade; à l'un d'entre eux, j'ai vu la chair déchirée sans qu'il avoue; il est renvoyé en prison et l'opération sera renouvelée aussitôt que ses plaies seront guéries. Le commissaire de police me fait visiter les prisons : elles puent comme des cloaques ; les prisonniers sont hâves, et pourtant les peines sont bien mitigées sur la Concession : la cangue est réduite à cinq ou six kilogrammes, et on l'ôte la nuit pour que le condamné puisse dormir; on lui fournit même une couverture. Je vois un pauvre malheureux qui crie et se tord; on le croit fou, et on l'envoie à l'hôpital chinois. Dans un coin séparé, est le compartiment des femmes. Le commissaire de police, M. Binos, me dit qu'ici, comme en Europe, ce sont toujours les mêmes qui donnent à faire à la justice.

Les voleurs sont habiles et ont presque tous des spécialités : les uns volent des pipes, les autres coupent des poches, d'autres cherchent les habits; cela tient à la spécialité des recéleurs.

Un grand nombre sont arrêtés pour jeu : c'est la passion dominante du Chinois; sur ce point, il est incorrigible. Je visite le tribunal dans la ville chinoise : les audiences y ont plus de publicité; elles ont lieu sous un hangar dressé sur la place. Les prévenus arrivent, la chaîne au cou, se mettent à genoux, subissent un interrogatoire et reçoivent les condamnations.

Lorsque le bambou ne suffit pas pour les faire avouer, on les place sous une presse dont on serre les vis; rarement ils résistent à cette épreuve. J'ai vu là des cangues de divers poids, et quelques-unes extrêmement lourdes. J'ai vu aussi une espèce de cage dans laquelle le patient est enfermé debout, avec la seule tête dehors, de manière à ne pouvoir la rentrer. J'ai parcouru les prisons, elles sont dans la rue, à la vue du public. Des barreaux de bois ou de bambou laissent voir les prisonniers maigres et hâves, traînant leurs pieds dans les chaînes; ils viennent me tendre leur main desséchée pour demander l'aumône. Je donne à chacun quelques sapèques, car ils reçoivent juste assez de riz pour ne pas mourir. Un gardien se tient immobile, jour et nuit, devant chaque prison. Le spectacle est bien triste, et pourtant les tortures antiques ont presque disparu, et les punitions actuelles sont fort mitigées.

Je quitte la plume pour aller dîner chez M. Galambert.

Hier soir, M. Binos, commissaire de police, a été assez bon pour venir me prendre à l'hôtel, et me conduire visiter les principales fumeries d'opium, les restaurants chinois, et le théâtre; il m'a donné de curieux détails sur les mœurs de ce peuple.

Je pars demain pour Hong-kong et Canton où j'espère retrouver vos lettres.

J'ai vu, dans cette maison, des œuvres bien intéressantes (page 129)

CHAPITRE VII

Départ pour Hong-Kong. — La ville. — Les œuvres catholiques. — Mœurs chinoises — L'émigration.

En mer 9 novembre 1881.

Hier soir, j'ai salué mes amis et connaissances. A midi, j'étais sur le ***Kasgar***, steamer de la ***Oriental and Peninsular Company***. J'y trouve un Père Augustinien espagnol, de Manille, et nous nous adressons souvent des ***buenos dios***, ***buenas tardes*** et ***manâna***.

J'ai rencontré également ici quelques autres voyageurs que j'avais eus pour compagnons dans la traversée du Pacifique. En parcourant le navire, j'aperçois plusieurs des chevaux que j'ai vu embarquer à Tien-tsin; leur vigueur sauvage fait qu'ils se débattent et leur bouche est en sang; deux aliborons sont plus pacifiques. On peut s'apecevoir que nous marchons vers les Indes : cuisiniers, domestiques et matelots sont presques tous Hindous. Grands, maigres, presque noirs, aux dents blanches et à l'œil perçant, ils sont vêtus de blanc et portent un turban rouge. Quel contraste avec les Chinois! Encore trois ou quatre jours de mer! On dit qu'elle est ordinairement mauvaise dans le détroit de Formosa. Le ***Kasgar*** peut porter 60 passagers de 1re classe, 20 de 2me et plusieurs centaines d'entrepont.

Jeudi, 10 *novembre*. Rien de particulier; navigation assez calme : de temps en temps, nous apercevons la terre : Ning-po, puis *Fuh-chau* et diverses îles.

Des bandes de dauphins viennent faire les sauts-de-mouton autour du navire; la pluie tombe légèrement; le vent étant favorable, toutes les voiles sont déployées; nous filons de 12 à 13 nœuds.

Un Arménien qui habite Hong-Kong me donne des détails sur Canton. Une dame de Boston me parle d'un prêtre, son cousin, qui est mort à Nice. Nous essayons une partie au *bull*; on lit, on se promène entre les cinq repas règlementaires.

Ma cabine est assez grande, elle a trois places et je l'occupe seul; je choisis la couchette la plus élevée; il y a plus d'air, mais elle est si dure qu'elle rappelle les lits de brique chinois, et si étroite que je crains d'aller par terre si je remue.

Vendredi, 11 *novembre*. Nous sommes dans le détroit de Formosa : on s'en aperçoit au roulis.

Nous passons devant Amoy, nous traversons des flottes de bateaux pêcheurs : j'y compte des centaines de jonques stationnant à distance et formant de grands cercles pour saisir le poisson.

Mon excursion habituelle sur le pont me fait rencontrer, aux troisièmes, un garçon de douze ans qui a un livre italien : je peux donc parler avec lui. Il me montre ses trois petits frères et sa jeune sœur; son père et sa mère sont dans la cale. C'est une famille juive de Trieste, mais les enfants sont nés en Egypte; ils sont venus rendre visite à une sœur mariée à Manilla et de là ils sont passés à Shangaï pour y trouver du travail; le père est tailleur, mais dans ce métier, impossible de lutter avec les Chinois. Se trouvant sans le sou, cette famille est expédiée gratuitement par les soins du Consul d'Autriche, à Calcutta, où elle espère trouver de l'ouvrage. Sassoun, l'agent de la Compagnie, étant juif, lui aussi, acccorde facilement le passage à ses coreligionnaires.

A la proue, les Hindous lavent leurs pantalons et leurs blouses blanches qu'ils sècheront sur leurs dos. Ils lavent aussi consciencieusement leur corps au savon : ce sont de beaux types bruns et noirs avec traits européens. Il y a aussi, à bord, des nègres qui ont soin du charbon, — la couleur convient ! — une vache pour le lait, beaucoup de moutons, de poules et un bœuf pour la marmite.

Je trouve un capitaine qui vient de Tien-tsin où il a laissé son navire chargé de charbon dans la vase du Pei-ho. Ce soir, nous passerons devant Swatau; demain matin, Dieu aidant, nous espérons arriver à Hong-Kong.

Samedi 12 *novembre.* Voici Hong-Kong. Je vois dans le port de nombreux *steamer* : peut-être y trouverai-je quelque combinaison qui me permettra d'abréger mon chemin. En attendant, je jette cette lettre à la boîte. Mes souhaits de bonne fête et de nouvel an aux parents et aux amis.

En mer de Cochinchine sur le steamer Araloon-Apkar 19 novembre 1881.

A Hong-Kong, à Canton et à Macao, j'ai un peu écourté ma visite, et le temps m'a manqué pour écrire mon journal. Je le fais ici maintenant sur le bateau, quoique le mal de tête qu'on éprouve en mer soit peu favorable à la rédaction. C'est le *samedi* 12 *novembre*, à huit heures du matin, que le Kasgar, steamer de la O. *Peninsular*, entrait dans le port de Hong-Kong. Déjà, aux approches de cette ville, nous voyons les collines des îles arides devenir plus vertes et plus boisées, et au détour d'un cap, nous apercevons la ville de Hong-Kong, échelonnée le long d'une montagne escarpée. Le vent du sud-est est arrêté par un rocher; il paraît que l'été on rôtit dans la ville.

Les Anglais ont bâti des maisons à la cime des

pics, et des coolies les y portent en chaise, le soir, pour qu'ils puissent respirer pendant la nuit. Le port est une vaste nappe d'eau enfermée soigneusement entre des îles; de nombreux navires y sont à l'ancre : j'y remarque les *steamer* de la *Pacific mail* qui vont à Yokohama et à Saint-Francisco, les navires des Malles anglaise et française, les navires qui vont journellement à Canton et à Macao, ceux qui vont chaque semaine à Manilla dans les Philippines, d'autres qui vont à Saïgon et à Bankok, et un qui part chaque trois mois pour Sourabaya, Samarang, Batavia; et enfin, ceux de l'*Oriental* pour l'Australie, sans parler des *steamer* à opium des Compagnies Jardine et Sassoun, qui vont chaque mois à Calcutta. Je vois aussi plusieurs pontons et navires de guerre anglais et une grande quantité de jonques chinoises; mais ce qui fourmille, ce sont les *sampans*, sorte de gondoles qui servent de logement à toute une famille. La femme rame avec le mari, et souvent seule avec sa fille, pendant que le mari fume sa pipe. Elle n'a pas ici les pieds estropiés; cet honneur, dans le sud de la Chine, est réservé aux classes élevées; elle est habillée comme dans le nord : pantalons et blouse; elle porte des bracelets d'argent aux pieds, et à la tête de beaux peignes ou épingles d'argent ou de jade.

C'est sur un de ces *sampans* que deux femmes déposent mes malles, et rament pour me conduire à terre. Pendant que je m'assieds, des petits enfants sortent de dessous mon siège; je lève la planche et j'en vois cinq accroupis comme des petits chiens dans leur niche. Ces pauvres bambins ne connaissent point le mal de mer : les sampans dansent sans repos même dans le port; les plus grands gardent les plus petits ou font la cuisine. Aussitôt qu'ils peuvent tenir une corde ou une rame, ils aident les parents; les nourrissons sont attachés par des bandes de toile sur le dos de la mère pendant que celle-ci conduit le bateau.

La population, qui vit ainsi sur les bateaux s'élève à plusieurs milliers. Mais voici que le *sampan* accoste au quai, et mes deux femmes prennent chacune une malle sur leur tête et les portent à Hong-Kong hôtel : un franc sera toute leur rétribution.

A peine débarrassé de mes paquets, je me rends à la Poste et n'y trouve point mes lettres. Je monte en djinrikisha et demande au conducteur de me conduire au Consulat de France; il semble avoir compris et part au grand trot : il n'a rien compris du tout, car je m'aperçois qu'il tourne et retourne dans tous les quartiers de la basse ville, sans savoir où il va. J'en profite pour voir la ville. La *Queen's road* est fort animé : de grands magasins européens et chinois étalent toutes les marchandises de l'Europe et de l'Asie, surtout de belles porcelaines et objets variés d'ivoire. Les maisons n'ont pas plus de deux étages avec portiques aussi bien au rez-de-chaussée qu'aux étages : cette précaution est indispensable pour intercepter, l'été, les rayons du soleil.

Je passe devant les casernes ; les soldats sont vêtus de blanc et portent le casque indien formé de moelle de sureau recouvert de toile blanche. Je trouve à l'Hôtel de ville un petit musée, une vaste bibliothèque et un théâtre. A côté, sont le *cricket ground* pour les bourgeois et un autre séparé, pour les soldats. Je passe devant les maisons et les magasins des grandes Compagnies de commerce, puis je finis par dire à mon bonhomme que je veux aller au Consulat; il demande et redemande et finit par y arriver. M. Lemaire, notre consul, demeure dans la ville haute. Je quitte mon djinrikisha qui ne peut grimper la raide montée; et, sur les indications du consul, je cherche le palais du Gouverneur. Je tourne et retourne en tous sens et me perds dans les jardins publics; j'en profite pour les visiter : ils sont de toute beauté, et la pente escarpée n'a servi qu'à les rendre plus pittoresques : sur un rocher nu, on a su planter et faire croître les arbres les plus gracieux des tropiques, et tracer des talus et des prairies avec ce beau gazon vert que les Anglais portent toujours avec eux. Je m'adresse à un grand Indien habillé de blanc et coiffé d'un énorme turban rouge; il porte le bâton de policeman; il ne me comprend pas. Plus loin, je vois le même bâton de policeman entre les mains d'un Chinois à costume original; celui-ci me comprend très bien, et me conduit poliment au palais du gouverneur.

Ce palais est entouré d'un jardin magnifique et domine la ville. Des ouvriers chinois sont en train de refaire la façade. On fait partout des améliorations en vue de la prochaine arrivée des enfants du Prince de Galles qui visitent en ce moment le Japon. Les Chinois ont fait autour du palais un treillage de bambou, et travaillent là-dessus en se cramponnant comme des singes. Du perron du palais, je jouis d'une vue féerique sur la ville et sur le port. Je suis introduit dans les appartements : les salons sont vastes et richement meublés ; j'y trouve les plus belles pièces de porcelaine chinoise et japonaise.

M. Hennesy, pour qui j'avais des lettres, me reçoit avec bonté et me parle longuement des Chinois, pour lesquels il a un amour de prédilection. Sur plusieurs points, il développe des théories que je suis loin de partager ; enfin je le quitte après qu'il m'a fait promettre d'aller le revoir avant mon départ.

Après le déjeuner, je fais ma visite à M. l'abbé Borgognoli, que j'avais laissé à San-Francisco. C'est un homme distigué, à longue barbe et de taille courte ; il me reçoit avec affabilité et m'invite pour le lendemain à déjeuner, après quoi il me présentera à des amis. Je passe le reste du jour à me renseigner auprès des diverses Compagnies de bateaux à vapeur et à parcourir les boutiques : j'avais appris un peu de *picin*, mélange de toute espèce de langues, qui s'est formé dans l'extrême Orient à l'usage du commerce : je commence à me faire comprendre.

Dimanche 13 *novembre*. Je me rends de grand matin à la Cathédrale pour la messe : le plus grand nombre des fidèles sont des Portugais de Macao ; les femmes sont toutes habillées et voilées de noir comme des religieuses. Les chants sont en latin, et la musique est bonne. Après la messe, je fais diverses visites, et à neuf heures et demie, j'arrive chez l'Abbé

Borgognoli. Il a habité longtemps l'intérieur; il est en Chine depuis vingt ans, et m'a donné sur ce pays de longs et curieux détails.

Les Chinois jouissent partout d'une grande liberté municipale; ils administrent eux-mêmes leurs affaires et recourent le moins possible aux mandarins. Pour s'adresser à eux et demander justice, il faut beaucoup d'argent; on y a recours quand on veut exercer une vengeance. Ils accusent alors celui dont on veut se débarrasser. Le mandarin commence par le mettre en prison, et les parents auront beaucoup à payer pour lui obtenir que la cangue soit moins lourde, la bastonnade légère, les chaînes supportables, la nourriture suffisante. Avant que justice soit rendue, si jamais elle l'est, la famille sera ruinée, ou le patient mort sous la torture.

M. Borgognoli avait vu un jeune homme riche, de dix-neuf ans, arriver de l'intérieur, appelé comme témoin : le mandarin le met en prison et lui fait dire qu'il n'en sortira qu'après que son père lui aura versé cinq cents taëls (environ 4,000 francs); le jeune homme écrit à son père qui s'empresse de s'exécuter.

Le Chinois craint le fort, mais il est sans cœur pour le faible; les villages sont souvent en guerre entre eux. Ils ne sont pas bien farouches durant la lutte et jouent plus des jambes que de la flèche ou du fusil, mais ils aiment à attendre l'ennemi en embuscade; ils sèment sur ses pas des clous empoisonnés ou creusent des trappes où il se brisera les jambes.

Le Chinois se pique d'orgueil; un des moyens de

montrer sa haute situation est de laisser croître les ongles longs de dix centimètres; ils les tiennent ordinairement dans un bambou pour les empêcher de casser; il n'est pas rare aussi de voir des batelières avec les ongles des pouces, longs de trois ou quatre centimètres.

Les Chinois imitent facilement et parfaitement tout ce qu'ils voient faire. Peu à peu, ils prennent le monopole des métiers et du petit commerce, et il n'y aura bientôt plus de place pour l'Européen.

La Compagnie Jardine Matheson avait établi ici une filature à vapeur pour la soie, immédiatement les Chinois l'ont imitée et en ont monté douze dans divers villages autour de Canton. Elles marchaient fort bien et donnaient de beaux bénéfices, mais les anciens chefs d'ateliers qui voyaient leur situation compromise ont monté la tête à la population; ils ont réuni mille hommes, se sont rués sur une filature et l'ont brisée; ils allaient faire le même parti aux autres, mais à la seconde, le chef averti se barricada et les reçut à coups de fusil; puis, les patrons se sont concertés, ont publié que tout individu qui viendra les défendre recevra un dollar par jour, et s'il est tué la famille recevra 500 dollars; s'il est blessé, on donnera plus ou moins selon la blessure; ils ont, par ce moyen, réuni 3,000 hommes. La lutte devenant menaçante, le vice-roi a envoyé sur les lieux 1,500 soldats et a fermé les filatures.

A onze heures, je prends une chaise-à-porteur; il y en a ici de toutes les formes, à dix sous l'heure.

Dans une ville où l'on est constamment obligé de monter et de descendre, on en fait usage largement; on évite ainsi la transpiration habituelle sous une température de ving-cinq à trente degrés.

On explique à mes porteurs qu'ils doivent me conduire à l'orphelinat des Frères de la Doctrine chrétienne; ils partent au pas de charge et me conduisent tout droit à un orphelinat protestant. Les directeurs mirent mes porteurs sur la voie, et après une demi-heure de course, ils me déposaient à l'autre bout de la ville, chez les Frères de la Doctrine chrétienne.

Le frère Directeur vient de Saïgon qu'il a habité durant plusieurs années.

Mes porteurs rebroussent chemin et viennent à l'autre extrémité de la ville. Après une heure de marche rapide, ils me déposent à l'église Saint François Xavier, chez les Sœurs Canossiennes de Milan. Ces bonnes sœurs ont là un double externat; celui des Chinoises compte soixante élèves, celui des Européennes en a quarante. J'ai vu, dans cette maison, des œuvres bien intéressantes et bien nécessaires. Les Sœurs ont aussi, non loin de la cathédrale, une vaste maison que j'ai visitée avec le Père Borgognoli. J'ai trouvé là deux externats pour les Européennes; les jeunes filles y sont occupées à la broderies, aux tissages et aux autres métiers.

Les Chinois sont nombreux ici, il y en a plus de cent mille à Hong-Kong et à peine quelques centaines d'Européens. J'ai vu aussi chez les Sœurs Canossiennes les bébés de la Sainte-Enfance : dans une salle j'en ai compté dix-sept mourants, plusieurs avaient des plaies et des tumeurs.

Dans cette immense maison des Sœurs qui s'étage le long de la montagne, il y a à la partie supérieure, un local pour les vieilles femmes pauvres et infirmes, un local pour les aveugles ; j'y ai même vu une pauvre folle.

L'œuvre de la Sainte-Enfance à Hong-Kong est partagée entre les Canossiennes et les Sœurs de Saint-Paul de Chartres. Les bébés sont rangés en bon ordre et me font leur salut le plus gracieux ; ils sont cent cinquante de tout âge. « Que Dieu vous conduise ! » me disent-ils en chinois. Les plus petits sont au réfectoire ; ce sont des femmes aveugles qui les servent à table. Ces Chinoises aveugles de naissance, recueillies aussi par la Sainte-Enfance, ont une habileté inconcevable : elles sont chargées de la couture, du blanchissage du linge et de plusieurs soins aux petits enfants.

Dans la salle des mourants, un seul est au berceau; cent cinquante sont en nourrice, moyennant un dollard et demi (7 francs 50) par mois.

Tous les jours un certain nombre sont portés à la porte du couvent enveloppés dans un linge ou dans une feuille de papier ; quand la sœur portière entend la clochette, elle arrive et ramasse la pauvre créature.

Durant l'année 1880, huit cents ont été ainsi ramassés à la porte du couvent des Sœurs de Saint-Paul, et autant à celui des Canossiennes.

Je passai la soirée au Club.

Ici, comme à Shangaï et dans tous les pays où les Anglais s'établissent, le club est le point de réunion générale ; on y trouve salle de lecture, bibliothèque, billards, salles de jeu, restaurant, salles de bal et plusieurs chambres et salons qu'on loue aux membres du club ou aux personnes présentées par eux.

J'y rencontre M. Kopmanshop pour lequel j'avais une lettre. Ce monsieur est hollandais, et entrepreneur d'émigration pour les coolies. Il m'a donné sur son entreprise des détails intéssants.

Me voici en route sur le Kiu-Kian, grand *River-steamer* à deux étages
(page 132)

CHAPITRE VIII

Canton. — Les pirates. — L'industrie. — La torture. — Macao. — La grotte de Camoëns.

Lundi 14 *novembre.* A huit heures du matin, me voici en route pour Canton sur le ***Kiu-kian***, grand ***Ri-ver-steamer*** à deux étages et à deux roues, comme on les voit sur les fleuves d'Amérique. Dans l'étage inférieur, des centaines de Chinois sont entassés et accroupis dans tous les coins : les uns fument la pipe, les autres l'opium; ici, un groupe écoute un conteur d'histoires; là, d'autres sont attentifs à la musique qui se fait entendre dans le salon des femmes.

Nous naviguons dans un labyrinthe d'îles arides et rocailleuses; si elles étaient boisées, on se croirait au Japon dans la mer intérieure; l'eau est de couleur vert de bouteille. Partout des bateaux de pêcheurs réunis en grandes compagnies; par-ci, par là, de longues lignes de pieux fixés au fond pour tenir les filets.

J'essaie de renouveler ma visite à l'étage inférieur, mais je trouve tout barricadé : les passages des escaliers sont recouverts de grilles en fer assujetties par un cadenas et, à chaque porte, un Portugais est posté, le sabre à la main, prêt à larder les Chinois. Je demande la raison de ces précautions; on me répond qu'il y a cinq ou six ans, le *Spark*, steamer de la même Compagnie, faisait route entre Canton et Macao, lorsque, à un moment donné, les Chinois, dans l'étage inférieur, simulèrent une lutte; le capitaine descendit pour les tranquilliser, mais il fut tué immédiatement; les passagers européens eurent le même sort, et le navire fut jeté à la côte après le pillage : ces singuliers passagers étaient des pirates déguisés. Aussi, toutes les jonques ont des canons pour se défendre contre les pirates ou sont, elles-mêmes, repaires de pirates.

A midi, nous entrons dans la rivière des Perles ou rivière de Canton. Quatre forts en défendent l'entrée; les uns sur des collines, les autres quelques mètres au-dessus de l'eau; ils sont ornés d'une grande quantité de drapeaux blancs avec un disque rouge au centre.

La campagne est verte et riante, les bords de la rivière sont plantés de cannes à sucre, dont on fait ici deux récoltes par an; les Chinois en extraient le sucre et le raffinent grossièrement. Nous voyons aussi de grandes plantations de bananes d'excellente qualité; de vastes rizières donnent deux récoltes de riz par an, et souvent une troisième de froment. De riantes collines s'étagent dans le lointain. Elles portent au sommet de hautes pagodes en forme de tours à huit ou dix étages, et sur les flancs de nombreux tombeaux de famille. Nous longeons plusieurs îles de diverses grandeurs et laissons de côté des anses et des golfes assez profonds.

Vers trois heures, le navire stoppe; des centaines de sampans l'environnent; ils prennent les passagers pour Wan-poe, ville située près de là sur l'autre bras de la rivière. Enfin, le fleuve s'anime de plus en plus; nous apercevons par-ci par-là des cerfs-volants d'enfants, puis les hautes tours de la cathédrale catholique et les tours des Monts-de-piété.

Nous passons devant l'île de Shamien où sont les Concessions européennes, et à quatre heures et demie nous descendons sur le quai à Canton. La rivière continue d'être navigable pendant plus de cent milles et rejoint les canaux qui se dirigent de tous côtés et arrivent jusqu'à Pékin. Une batelière me passe à l'autre rive, au bureau de M. Deacon et Cie. M. Duval, qui régit la maison, me reçoit poliment et m'invite à loger chez lui.

Je prends un *cicerone* chinois qui parle un peu l'anglais et je profite de ce qu'il reste de jour pour visiter, sur la rive gauche, le grand faubourg de la ville. A travers un dédale de rues étroites, de ponts jetés sur des canaux, mon guide me conduit au temple de Honan, le plus important de Canton. Je remarque, dans la cour, deux *banians* dont le tronc mesure environ trois mètres de diamètre. Nous traversons plusieurs cours, longeons sous des portiques les longues files de cellules des lamas, et arrivons à la cuisine où nous remarquons d'énormes chaudrons, dans chacun desquels tiendrait un bœuf entier. Le réfectoire a de longues tables alignées comme les bancs d'une école.

Au jardin, on voit de magnifiques fleurs et une belle collection de crêtes-de-coq jaunes, rouges et mélangées de toutes les couleurs. Un peu plus loin, sont les orangers, les mandariniers, — arbres à petites oranges amères que nous appelons *chinois*, — et une collection de plantes taillées en forme d'animaux divers : grenouilles, cerfs, lions ; il y en a en forme de lanternes, de campanile, et une grande quantité en forme d'homme ou de femme : les pieds, les bras et la figure sont en terre cuite ; le corps est formé de la plante.

Nous traversons le potager pour arriver à l'endroit de la crémation : c'est le privilège des prêtres chinois d'êtres brûlés après leur mort.

Au retour, nous assistons à l'office. Les lamas arrivent en bon ordre avec leur habit de chœur, et prennent place dans le temple, à droite et à gauche de l'autel. Le grand-prêtre se fait un peu attendre : pendant ce temps, les lamas se pressent autour de moi, examinent mes habits et posent à mon guide de nombreuses questions sur la qualité de mon mandarinat en Europe.

Le *tam-tam* retentit, chacun se range : le chef est là. Il est jeune et sympathique; il me salue gracieusement.

Continuant notre exploration, nous arrivons à une chambre dans laquelle on conserve les porcs sacrés : ils doivent être douze; j'en ai compté huit seulement, blancs et fort gras; on ne peut les tuer; ils doivent mourir de vieillesse.

En sortant du temple de Honan, j'arrive par des rues tortueuses à la rivière. Je monte sur un sampan : il est propre et orné de miroirs et de fleurs comme une gondole; une jeune fille de douze ans rame à la proue, et sa mère à la poupe; il me semble que je traverse le grand canal de Venise. Sur l'autre bord, mon guide me conduit encore le long de mille petites rues fort semblables à celles de la ville des doges, et enfin nous arrivons à la cathédrale catholique.

Sa forme est celle d'une croix latine; elle a trois nefs, avec sept autels de chaque côté; elle est de style gothique pur et construite entièrement en granit.

Je visite l'orphelinat qui renferme environ cent petits Chinois. Un peu plus loin de pieuses filles chinoises ont soin des orphelines au nombre de soixante. Les Sœurs de Saint-Vincent de Paul qui les dirigeaient se sont retirées d'ici après les massacres de Tien-tsin : des indices sérieux leur faisaient craindre le même sort.

Mgr Chausse m'accueille avec bonté, et me donne plusieurs détails intéressants sur la Chine et sur les Chinois.

La chrétienté de Canton compte 1,500 fidèles dans la ville, et 24,000 sont éparpillés dans la province; les Pères des Missions-Etrangères de Paris desservent trente-sept postes. Je vois dans le jardin quelques mûriers; ici on les coupe en broussailles, et ils repoussent sans cesse. Les Pères cultivent aussi quelques vers-à-soie : une récolte prend trois ou quatre semaines; ces récoltes se succèdent sans interruption; on en fait ordinairement six par an; cette année on en a fait sept.

Les maisons des négociants sont des palais : portiques, vastes et hautes chambres, riches jardins, nombreux domestiques, mobilier et service princiers.

Après le dîner, M. Duval me conduit au club où je rencontre quelques Français. L'un d'eux, M. Pratt, inspecteur de soie, me donne beaucoup de renseignements relatifs à cette industrie. La nuit était déjà bien avancée lorsque je vins chercher à la maison un repos bien nécessaire.

Dans une chambre de prince, je ne trouvai qu'un matelas de crin sur grillage de bambou; c'est la couche anglaise en Chine, en Europe, et partout; on y est moins sensible lorsqu'on a dormi longtemps sur les briques de l'auberge chinoise.

Mardi, 15 ***novembre***. Je commence par visiter un établissement français dirigé par un des jeunes gens de Lyon, chargés de vérifier la ***condition*** de la soie.

Ils ont installé une machine qui, moyennant un poële et une prise d'air, arrive à sécher complètement des échantillons de soie ; ceux-ci sont pesés à l'état naturel et après l'opération; on connaît ainsi de combien d'eau la soie était imprégnée. Les Chinois étaient arrivés à l'imbiber jusqu'à 12 0/0, ce qui faisait une grande perte pour le commerçant européen. On a eu de la peine à faire accepter cette vérification aux marchands indigènes; mais comme ils vendent leur soie plus cher si elle est passée à la *condition*, ils y trouvent maintenant leur compte.

Je passe la matinée à parcourir les boutiques de porcelaines, de soie, d'ivoire, de broderies, de meubles sculptés, etc. Comme étranger, on me fait des prix assez forts et j'achète peu de chose. Je visite plusieurs ateliers d'orfèvrerie, de chaudronnerie, de fabricants de cercueils, de charpentiers, de polisseurs de cristal de roche et de pierres de jade, de fabricants de verre, de tisserands. Partout on travaille : Canton est un immense atelier.

C'est avec étonnement que je vois les plus belles broderies exécutées par des hommes. Je visite des restaurants, des maisons de thé ; j'y vois des sucreries et des confiseries variées à l'infini et les mets les plus singuliers. J'achète un nid d'hirondelle dont les Chinois sont si friands. Je vois avec horreur peler les chiens et les chats.

J'achète un peu de tabac qu'on rabote sous mes yeux, et je visite la maison d'un riche Chinois. Les salons et les galeries sont bien disposés et richement meublés. On a peu de soin pour les chambres; il faut si peu de place à un Chinois pour s'y blottir.

Chemin faisant, je rencontre deux cortèges de mariage; ils sont en tout semblables à ceux que j'ai vus dans le nord.

Toutes les boutiques ont un riche Bouddha avec des cierges, exactement comme à Gênes et à Naples; mais en plus, à côté de la boutique, sur la rue, il y a des niches où les femmes brûlent des bâtonnets d'encens pour attirer le vent du bonheur. Il est plus de midi lorsque j'arrive à la Mission; on est déjà à table, mais la course a tellement aiguisé mon appétit, que je rattrape facilement le temps perdu.

Après le dîner, je grimpe sur une des tours de la Cathédrale d'où je domine la ville entière. Un missionnaire qui s'est fait mon *cicerone* me donne des explications sur les divers monuments et quartiers.

Je descends de la tour, et continue ma course en chaise. Je grimpe sur la muraille de la vieille ville; elle a vingt-cinq pieds de haut et autant de large. Comme pour la Grande-Muraille, les parois extérieures sont en briques, et le dedans en terre. Sur une tour qui surmonte la porte, sont de vieux canons rouillés; au pied est une horloge à eau fort simple et qui date de plus de mille ans: quatre baquets sont étagés les uns sur les autres et qui ont au bas chacun un petit trou avec un tuyau; l'eau se déverse goutte à goutte du plus haut dans le deuxième, du deuxième dans le troisième et de celui-ci dans le quatrième; ce dernier porte une natte qui s'élève et pousse en haut une règle numérotée à mesure qu'il se remplit; ses gradations indiquent l'heure qui est affichée en dehors sur de grandes planches, pour le public : pas plus difficile que çà!

Dans la même tour, je parcours les salles d'une imprimerie chinoise; leur système est aussi fort simple, et a précédé le nôtre de quelques siècles : ils gravent la page sur une planche de bois, y passent l'encre avec un pinceau, posent le papier et frottent dessus; c'est notre stéréotypie.

Je pénètre dans un Mont-de-piété. Ces monuments sont nombreux et on les aperçoit de loin; ce sont de hautes tours carrées en briques dans lesquelles on étage les objets donnés en gage, soigneusement empaquetés et numérotés.

J'arrive au Consulat de France construit sur un ancien *yamen*. Les troupes françaises et anglaises stationnèrent à Canton depuis 1857, jusqu'en 1861. Durant ce temps, la ville fut administrée par les alliés; après la paix, les Anglais ont choisi dans la ville un yamen et les Français un autre pour leur consulat. Une allée de *banians*, dans le Consulat français, est de toute beauté. Le Consul et son chancelier m'accueillent poliment.

Je visite encore des mosquées et des pagodes. L'une d'elles arrête principalement mon attention : c'est la Pagode de l'Horreur. Les Chinois y ont retracé leur enfer en statues de grandeur naturelle; elles sont disposées par groupes, à droites et à gauche d'une vaste cour, en cinq compartiments de chaque côté. Le premier groupe représente la transmigration des âmes; dans le deuxième, on presse le coupable entre deux meules; dans le troisième, un autre est jeté dans une chaudière d'huile bouillante; dans le quatrième, on en pousse un sous une cloche rougie par le feu; dans le cinquième, on décapite; dans le sixième, on scie les malheureux entre deux planches; dans un autre on donne la bastonnade, etc. Le peuple chinois vient en grand nombre dans cet endroit où de nombreux diseurs de bonne aventure escamotent son argent.

Dans le temple du dieu de la médecine, le jour de sa naissance, les fidèles viennent l'éventer vigoureusement et rapportent leurs éventails pour s'en servir en faveur des fiévreux.

J'arrive enfin aux prisons. Comme à Shangaï, elles sont publiques : plusieurs prisonniers se promènent dans la rue, les deux pieds dans une chaîne; quelques-uns traînent à la chaîne des pierres plus ou moins lourdes, d'autres ont suspendu avec des ficelles, à la partie supérieure de la jambe, le lourd anneau de fer qui leur blessait la cheville. J'en vois un groupe autour d'un chien qu'ils découpent et qu'ils mangent; ils m'en offrent un morceau ; d'autres portent au cou une lourde chaîne; quelques-uns ont la cangue.

Après avoir traversé plusieurs cours, j'arrive au Tribunal. Deux mandarins accompagnés de plusieurs greffiers faisaient subir l'interrogatoire aux accusés : ceux-ci se succédaient les uns aux autres, tirés par une chaîne qu'ils portent au cou. Arrivé devant le magistrat, l'accusé est jeté à genoux pour entendre l'acte d'accusation; après cette lecture, on le somme d'avouer; il refuse, ont le bat fortement sur les talons avec une barre de bois; il crie, il se débat, il avoue, on cesse de frapper; le greffier imbibe dans l'encre l'index du patient et lui fait ainsi toucher la sentence; il est condamné à mort; demain il sera décapité.

Un autre arrive, même procédé; il refuse d'avouer : on place un chevalet contre une poutre, on y adosse le patient; sa queue est passée en haut dans un trou du chevalet; ses genoux reposent sur de rudes chaînes, ses pieds sont suspendus par les orteils et ses mains par les pouces... la souffrance ride sa face, il gémit. Bientôt un autre malheureux vient prendre la même posture à côté de lui : celui-ci n'a point de queue, il a déjà subi un jugement et la queue lui a été coupée; c'est un des châtiments infligés aux voleurs.

Tout cela se passe en public; des curieux sont là, des enfants même aident à traîner les patients par les chaînes. Un prisonnier vient se placer à côté d'un des torturés, il l'exhorte de son mieux à souffrir et à se taire : « Je vois bien, dit-il, que tu es suspendu par les orteils et par les pouces, mais réfléchis, que mieux vaut perdre les doigts que la tête. »

Il paraît que d'après la loi chinoise, on ne peut condamner quelqu'un sans qu'il ait avoué son crime. Singulier moyen pour les faire avouer!

Je sors tout bouleversé, et cela pour rencontrer un spectacle plus triste encore.

Dans un coin de la ville, un petit triangle d'environ 800 mètres carrés est entouré de poterie que des fabricants voisins y font sécher ; au centre, le guide me montre trois mares de sang : ce sont les exécutés d'hier, dit le gros bourreau qui survient ; et si vous voulez venir, il y en aura autant pour demain.

Le guide me montre contre le mur la croix où les grands coupables sont suspendus, puis étranglés ou décapités, et un crâne qui gît à terre ; il a peut-être servi de pâture aux chiens. Je sors navré et pensif de cet *Halceldama*, et à travers le labyrinthe des rues, j'arrive à cinq heures du soir au bateau à vapeur.

Là, la scène est moins triste ; j'y retrouve des connaissances.

Après le dîner, j'obtiens qu'on ouvre les verrous et je passe à l'étage inférieur pour visiter les Chinois : ils dorment ou fument l'opium. A la salle des femmes, deux d'entre elles jouent à la *morra* et chantent, en se disputant une bouteille de vin. Je remonte dans ma chambre, et je m'endors profondément, malgré les moustiques.

Le matin, au jour, un grand bruit de pétards me réveille ; je regarde par la fenêtre et je vois que nous sommes dans le port de Hong-Kong, et que les pétards sont les adieux des mille Chinois qui s'embarquent sur le steamer *l'Océanie*.

A deux heures, je monte sur le steamer de Macao. Nous naviguons à travers un labyrinthe d'îles ; peu à peu la mer s'élargit, l'eau verte devient jaune : à quatre heures et demie, nous sommes en face de Macao.

Rien de plus pittoresque que cette ancienne ville portugaise vue de la mer : sur une hauteur, le phare ; àmi-côte, l'hôpital militaire, et plus bas une immense caserne; sur le quai, des maisons jaunes, vertes, blanches, rouges; à gauche, sur une élévation, un ermitage entouré d'arbres ; dans le lointain, les tours de la cathédrale, les clochers des nombreuses églises, les ruines de l'ancienne cathédrale brûlée en 1840, le tout forme un cadre excessivement varié.

Nous défilons devant la ville et doublons le cap pour entrer dans le port : là, la scène change. Nous passons devant une caserne de police construite en style arabe et nous sommes en face de la ville chinoise avec ses boutiques, ses chaises-à-porteurs, ses marchands ambulants, sa population fourmillante. A peine débarqué, je prends une chaise et je vais chez M. Lorenzo Marquès à qui M. Sylva, un ami de Hong-Kong, avait annoncé mon arrivée.

Cet aimable vieilllard de 70 ans, est comme le seigneur de l'endroit. Son château est entouré d'un magnifique jardin orné de toutes sortes de plantes des tropiques : j'y vois les caféiers, l'arbre à fruit de Jacquier et plusieurs espèces de palmiers. L'aimable propriétaire se fait mon *cicerone* et me conduit à la grotte de Camoëns. Elle est formée par deux énormes cubes de granit, sur lequel un troisième est superposé : c'est là que le sympathique poète portugais, durant son exil, a composé son célèbre poème. A son retour en Europe, il fit naufrage sur les côtes de Cochinchine, mais il sauva son livre en le tenant hors de l'eau par la main droite, pendant qu'il nageait avec la gauche. Sur la pierre de granit, M. Marquès a fait graver des vers français, espagnols, italiens, anglais, allemands, etc, que des visiteurs de toute nation ont composé sur l'illustre poète.

Nous rentrons à la maison, et là, mon hôte me montre l'album où beaucoup de visiteurs illustres ont écrit leurs noms et quelquefois des poésies.

Je quitte bien tard la maison Marquès pour arriver à l'hôtel de Macao; un des fils m'y accompagne. Il paraît que cet hôtel est peu fréquenté ; je dois attendre une heure pour avoir un bien maigre dîner.

Après le dîner, le jeune Marquès me guide à travers la ville chinoise. Nous visitons les maisons de jeu qui sont au nombre de seize.

Mon jeune homme me quitte pour aller danser chez M. Basto, un de ses cousins, et je rentre à l'hôtel.

Jeudi 17 *novembre*. Le matin à cinq heures j'ai de la peine à réveiller mes domestiques chinois pour me faire préparer le bain et le déjeuner. Le jeune Marquès, qui avait dansé jusqu'à trois heures, avait pourtant tenu sa parole et à six heures il était à l'hôtel avec deux chaises-à-porteur. Nous partons au pas de course; nous visitons la cathédrale et montons jusqu'à la partie supérieure de la ville occupée par le fort. C'est le cousin de mon jeune compagnon qui le commande, et on nous permet d'entrer.

De cet endroit, nous jouissons du panorama de toute la ville, du port, du continent et des îles environnantes.

La presqu'île de Macao, unie au continent chinois par une étroite langue de terre, est gracieusement découpée. Un des bras de la rivière de Canton débouche entre la presqu'île et le continent, et forme le port de Macao. Il appartient moitié aux Portugais, moitié aux Chinois qui ont une petite ville en face. Malheureusement, les boues que charrie le fleuve vont le remplissant tous les jours.

La ville de Macao est en décadence; la proximité de Hong-Kong en a détourné tout le commerce.

On exporte de Macao beaucoup de poisson salé ou séché au soleil, et des objets de bambou. La Chine n'a jamais voulu reconnaître le fait accompli de l'occupation portugaise. Il reste encore cinq à six mille Portugais à Macao, mais par des croisements multipliés, ils sont maintenant plus Chinois que Portugais. Leurs familles sont très nombreuses; ils se répandent dans tout l'extrême Orient où ils occupent les emplois inférieurs d'employés dans les maisons de commerce, et de timoniers sur les navires.

Les Chinois, dans Macao, sont au nombre d'environ cent mille.

A onze heures et demi je rentre à Hong-Kong; je visite le Gouverneur et le Consul et je m'assure à la poste que je ne laisse aucune lettre; je fais quelques achats de soie, de foulards, de porcelaines, j'emballe mes bagages et, à trois heures, je suis sur l'*Arratoon-Apkar* qui doit me porter à Singapore, à Penang et à Calcutta.

Elles sont enfermées dans un filet de corde comme des poules (pages 148)

CHAPITRE IX

Départ pour les colonies des détroits. — Le navire et ses passagers. — Singapore. — Pulo-Penang. — Le golfe du Bengale. — Arrivée à Calcutta.

Sur l'Apkar, je trouve plus de 300 Chinois qui s'en retournent à Singapore et à Penang : ce sont des coolies engagés pour six ans, moyennant 30 francs par mois et la nourriture, dans des mines d'étain. Il y a une cinquantaine de femmes, quelques-unes avec leurs bébés ; elles sont dans la cale ou sur le pont, enfermées dans un filet de corde comme des poules.

Le commissaire passe de longues heures à examiner et à interroger les émigrants, et lorsqu'il est convaincu de leur libre mouvement, il les marque sur le bras. Cette opération nous retarde, et ce n'est qu'à cinq heures du soir que le navire lève l'ancre.

Vendredi, 18 *novembre*. Le roulis est si fort qu'il est impossible de se tenir debout; le navire est presque vide et roule d'autant plus; la chaleur commence à devenir accablante : nous voguons vers le sud, et malgré la double tente sur le pont, on transpire au moindre mouvement. L'humidité est telle qu'à chaque instant il faut essuyer les verres du pince-nez.

Samedi 19 *novembre*. Le roulis continue, la pluie tombe par intervalle et à torrents. Le soir, par l'effet du magnétisme et de l'électricité, le navire semble marcher sur des étoiles de feu.

Dimanche 20 *novembre*. La mer est devenue calme et paisible. Nous longeons les côtes de Cochinchine; vers midi, nous rasons le cap Padaran ; nous ne sommes pas loin de l'embouchure du Cambodge et de Saïgon que j'aurais bien voulu voir. Pour cela, j'aurais dû prendre la malle française qui part de Hong-Kong lundi, 21 novembre, et arrive à Singapore le 27. Je n'étais pas sûr de rencontrer la coïncidence des steamers de la Bristish India C°, et j'ai pris ce navire de l'opium qui, pour 500 francs et en seize jours, me fait parcourir 3,500 milles et me dépose à Calcutta vers les premiers jours de décembre. J'aurai ainsi le mois de décembre pour visiter l'Inde. Je me propose de faire une course jusqu'à Darjeeling dans l'Himalaya, où l'on va en chemin de fer. Je visiterai Calcutta, Chandernagor, Bénarès, Agra, Delhi, le Rajppootona, le Gurati, les grottes de Karli et Bombay. Vers la fin de l'année, je me mettrai en route pour Suez ; durée du trajet treize à quinze jours. De là, je gagnerai Naples et Rome et je vous arriverai en janvier. J'espère trouver vos lettres à Singapore où nous comptons arriver, mercredi matin, 23 novembre.

C'est la première fois, depuis que j'écris mon journal, que j'ai le temps de le relire ; j'ai dû y ajouter les mots restés au bout de la plume.

Je pense que j'aurai très chaud aux Indes ; ici j'ai déjà pris les habits d'été. Mes souhaits de bonnes fêtes et de bonne année à tous ceux qui se souviendront de moi.

Lundi 21 *novembre*. J'ai fini mon journal ; je n'ai pas grand'chose à faire : je lis, je me promène, je pense à la Méditerranée.

Mardi 22 *novembre*. Demain matin, nous comptons aborder à Singapore ; j'irai à la poste et y déposerai cette lettre.

Sur l'Apkar dans les détroits de Malacca,
25 Novembre 1881.

Mercredi 23 *novembre*. A six heures du matin, notre navire aborde au quai à *Singapore* ; je prends un *gharry* et je cours à la Poste éloignée de plus d'un mille. Les *gharries* sont les voitures de ces pays : grandes caisses de bois avec toiture détachée, le tout fermé par des persiennes : bonne organisation pour se garantir du soleil ; les petits *poneys* de Sumatra qui les traînent, sont plus que vivaces ; ils sont fougueux. A la poste, je ne trouve que quelques lettres de mes amis, renvoyées de San-Francisco ; plus tard, on me remet la tienne au Consulat ; elle est datée de Suisse, fin août.

La Mission de Singapore est confiée aux prêtres des Missions-Etrangères de Paris. Ils ont ici trois paroisses : une pour les Européens, une pour les Malais, la troisième pour les Chinois, chacune avec environ mille chrétiens catholiques. Le Père Daguin me fait bon accueil et se met à ma disposition.

Singapore est la capitale des *Straits Settlements* (colonies des détroits) comprenant Singapore, Penang, Malacca et Wellesley, avec une population totale de 308,000 habitants.

A l'extrémité du détroit de Malacca, la ville de Singapore est bâtie sur une petite île, presque sous l'Equateur : c'est le point le plus méridional de l'Asie.

La population de la ville est d'environ 100,000 habitants, indigènes, Malais, Chinois ; les Européens ne sont que 3,000 et 600 soldats ; les agents de police sont Hindous. Le Malais porte un grand turban et une pièce d'étoffe rouge qu'il place autour de son corps ; le reste du corps est nu. L'Hindou, sous son jupon, porte une ceinture. Le Chinois avec sa longue queue, sa blouse et son pantalon est, ici, ce qu'il est partout.

Du haut du monticule occupé par le fort, j'ai pu

observer la configuration de la ville : le terrain est ondulé; sur chaque monticule, les Européens ont construit leurs villas ; la partie basse est sillonnée de canaux et de longues rues, sur lesquelles sont alignées les maisons occupées par les Chinois. La partie réservée aux Européens contient de beaux *squares*, un magnifique quai sur la mer, et les maisons sont entourées de jardins dans lesquels on admire le luxe de la végétation tropicale.

J'ai visité le Muséum ; il n'est pas grand, mais il est fort intéressant ; on y voit les spécimens de toutes les plantes, graines, gommes, fruits et produits qui poussent dans ces latitudes ; la gutta-percha, l'assafœtida, le café, la canne à sucre, le tapioca, le sagou, etc, etc. Le tapioca est tiré de la racine d'un arbuste, le sagou de la moëlle d'un grand arbre ; la canne à sucre, tu la connais : ici, tous les Chinois et indigènes en ont constamment un morceau à la bouche pour se désaltérer. Le caféier est un arbuste qui produit une petite boule dans laquelle on trouve deux graines.

A trois mille de la ville, on a planté un beau jardin botanique renfermant tous les arbres qui ornent les jardins de la ville. Le plus curieux est l'arbre du voyageur : c'est un immense éventail de cinq ou six mètres de diamètre posé sur manche proportionné; les feuilles sont de la grandeur et la forme de celles du bananier. L'arbre qui donne le fruit à pain n'est pas autre que celui dont j'ai planté un bon nombre dans mon nouveau jardin de Carabacel ; il a les feuilles un peu plus grandes que le ricin, mais elles ont la même forme. Ici, il devient haut de douze à quinze mètres et, à sa cime, poussent de grosses boules qui, cuites au feu comme des pommes de terre, ont le goût du pain. Le bananier aussi atteint des proportions colossales. Une espèce d'acacia se couvre d'une fleur rouge éblouissante. Les plantes aquatiques sont aussi fort nombreuses et prospères.

Le climat de Singapore n'est pas trop désagréable; il est le même toute l'année : environ 30° centigrades à l'ombre dans toutes les saisons; pourtant, cette chaleur non excessive, mais continuelle, énerve.

Il n'y a pas longtemps, les tigres venaient surprendre les gens, même dans la ville; maintenant, ils abondent tellement dans les jungles de la presqu'île de Malacca, que c'est par centaines qu'on compte, tous les ans leurs victimes. Le nom de jungle est bien adapté : on y ramasse ces longs joncs que l'on porte chez nous pour les corbeilles et les badines. Dans ces jungles vivent aussi les rhinocéros, les léopards, les buffles, les serpents; et dans les rivières, les crocodiles; on y trouve aussi de grands singes qui savent braver le tigre; ils habitent des cabanes qu'ils construisent dans les branches des arbres.

Jeudi 24 novembre. Après avoir passé la matinée à parcourir la ville et surtout le marché, — le mouchoir au nez, à cause des odeurs, — je suis revenu au bateau, et sur le quai; j'ai acheté quelques beaux coquillages et des fruits. Un *popaya* m'a coûté trois sous; un *coco* vert, gros comme ma tête, deux sous; on l'a troué et j'en ai tiré quatre grands verres d'une eau rafraîchissante; pour un sou, on m'a donné une douzaine de bananes, et pour deux sous un magnifique ananas.

La navigation est belle dans le détroit; à droite, la presqu'île de Malacca ; à gauche, des bouquets d'îlots bordent la côte de Sumatra; par l'effet du mirage, ils paraissent détachés des eaux.

Samedi 26 *novembre*. A la pointe du jour, nous apercevons les côtes de la presqu'ile Malaise couvertes de forêts de cocotiers; les montagnes abondent en forêts de *teak*, le chêne de ces pays; le bois en est excellent, surtout pour la construction de navires. Par-ci, par-là, sont des rangées de pieux pour la pêche.

A 7 heures, on jette l'ancre devant Penang. Aussitôt les Malais, nus et bronzés, entourent le navire avec de grands bateaux et des sampans; ils grimpent par des cordes comme des singes; ils crient, ils sautent, font un bruit infernal; vraie scène de sauvages. Leurs sampans, différents de ceux des Chinois, ont, à la proue, une longue pointe et deux pointes à l'arrière; les rames sont de longues perches portant au bout un disque en bois ou en fer. Faute d'une jetée, de gros bateaux sont nécessaires pour décharger les marchandises. Le port est simplement le bras de mer, qui sépare l'île de Penang de la province de Wellesley.

A dix heures, je descends à terre. L'île de Penang située par 5° 25' latitude Nord et 100° 21' longitude Est a une longueur de 20 milles sur 9 mille de large; une chaîne de montagnes la traverse dans sa longueur; les indigènes l'appellent *Pulo Penang*, ce qui signifie *île de la noix de bétel*.

En face de Penang, sur la péninsule, est la province Wellesley, langue de terre longue de 34 milles et large de 80. Elle a été achetée d'un Rajah, par les Anglais, en 1800. La population du *Settlement* est de 132,000 habitants, Chinois, Malais et ***Klings*** des côtes du Coromandel. Presque tout le commerce est entre les mains des Chinois. Plusieurs sont fort riches, et portent le chapeau européen. J'ai vu de magnifiques villas bâties par eux selon le style européen, et meublées à la chinoise; les jardins à l'européenne, sont ornés à la chinoise avec vases de porcelaine et beaucoup de statues formées avec des plantes.

Sur ma route, je trouve le cimetière. En lisant les inscriptions des tombeaux, je vois que la station n'est pas parfaitement sûre. Parmi les morts, plusieurs ont été assassinés par des voleurs.

Notre *gharry* sort de la ville et entre en pleine campagne; à droite et à gauche, des forêts touffues de cocotiers lèvent leurs cimes au ciel. Le cocotier est un magnifique palmier, haut ici de plus de quinze mètres. Son tronc est très mince et les indigènes y font des entailles par lesquelles, au moyen d'une corde, ils arrivent à la cime pour prendre le fruit; on trouve également beaucoup d'arbres produisant la noix de bétel; ils ont la même forme et la même hauteur que des cocotiers, mais leur tronc est beaucoup plus mince.

A côté du *teak,* je remarque les ***bahnians,*** grands arbres qui laissent pendre des racines de toutes les branches : ces racines arrivent jusqu'à terre où elles prennent leur nourriture; des plantes parasites viennent s'y ajouter, les lianes s'entrelacent de tous côtés et forment un filet inextricable.

On voit par-ci, par-là, à l'ombre des cocotiers, de jolis *bungalows*, habités par des Européens ou par des Chinois; ils reposent sur de hauts piliers de bois ou de briques, précaution nécessaire pour se défendre des serpents qui se faufilent partout ; la toiture est en feuilles sèches de cocotier; ces feuilles préservent de la chaleur mieux que les tuiles. Ce n'est pas sans danger qu'on peut se promener dans une forêt de cocotiers ; le fruit qui se détache de ces arbres peut briser le crâne sur lequel il tombe.

Après une heure de course à travers cette végétation tropicale, si belle et si nouvelle pour moi, notre petit *poney* de Sumatra nous dépose devant la porte d'un hôtel primitif, l'*Alexandra hôtel*, tenu par des Chinois. Ses propriétaires ont commencé un petit musée avec les singes, les oiseaux et les reptiles de l'endroit, et ont creusé dans le roc deux réservoirs pour les bains; j'ai avec moi deux Parsis de Bombay ; l'un d'eux reste à l'hôtel; avec l'autre je grimpe la rude côte de la montagne à travers le fourré, et, après une demi-heure, nous arrivons au pied d'une belle cascade haute de vingt à trente mètres. Il est midi; au soleil, le Fahrenheit marque 140 degrés, assez pour cuire la soupe; c'est dire que la cascade nous paraît comme *l'oasis* au voyageur du Sahara. Une Indienne, portant au nez plusieurs boutons d'or et une écharpe de mousseline pour vêtement, vient au-devant de nous, un verre d'eau à la main; nous nous avançons, et nous voyons au pied d'un magnifique cocotier une cabane en feuilles de cet arbre ; deux individus, noirs comme l'ébène, dorment allongés sur une natte; une jeune fille emploie son temps à passer des boulettes rondes dans des trous creusés à terre; elle promène des yeux égarés autour d'elle, elle est folle... Vers le milieu de la hutte, une casserole est sur le feu; la première Indienne y met de temps en temps des ingrédients divers. A côté de la hutte s'élève une petite pagode; sur la porte se trouve une bouteille d'huile de coco, une boîte en ferblanc contenant de la chaux et des sous; j'y vois aussi de longues guirlandes de fleurs rouges et jaunes.

Mon Parsis est peintre, et trouve une place qui lui permet de copier la cascade à l'abri du soleil; pendant ce temps, j'observe la cabane des Indiens. L'un d'eux se relève; il est nu et porte une ceinture blanc et or autour des reins; il a le regard farouche. Un peu après, l'autre se lève aussi; il a l'air plus terrible que le premier; ils viennent voir ce que fait le Parsi.

Je vais me placer sous un rocher au pied de la cascade; la chute d'eau jette sur moi ses éclaboussures et produit un courant d'air agréable, pendant que le bruit de l'eau arrive aux oreilles, doux et harmonieux. Tout autour, on voit la végétation des tropiques; au-dessus, les rochers à pic et les vautours qui planent dans les airs; au loin la mer, les mâts des navires, les maisons de la ville: je me plais à rêver... jusqu'à ce que, après trois heures, la faim me rappelle aux réalités de la vie. Je cours vers le Parsi et je le presse de redescendre la côte.

Arrivés à l'*Alexandra hôtel*, nous ne trouvons qu'un peu de thé pour nous restaurer, et nous rentrons en ville. Le long de la route je remarque des buffles d'une grosseur extraordinaire; ils conduisent des chars de pierres et de briques.

En ville, je profite des Parsis pour aller au marché et me faire expliquer les noms et la nature d'une quantité de fruits et de légumes que je vois pour la première fois.

Le popaya est un fruit de la grosseur d'un petit melon; ses graines ressemblent au caviar des Russes. La mangoustine est un autre fruit rond, délicieux et fort estimé; la noix muscade vient d'un arbre qui n'est pas de la famille des palmiers. Je vois de longues aubergines de couleur entièrement verte, le chou des Chinois, et une grande variété de piments plus forts les uns que les autres; les Indiens les réduisent en pâte et en poudre pour assaisonner le riz; ils ajoutent des oignons, du *garlic*, du *ginger*, une racine appelée *turmerich* et pressent le tout sous un cylindre pour le broyer; ce qui en résulte est appelé *curry* et sert à assaisonner des poulets, des moutons, etc, coupés en morceaux et mélangés avec le riz sans sel. Dans les pays chauds, les Anglais mangent un plat de *curry* tous les jours.

Le soir, je rentre au bateau.

Dimanche 27 novembre. A trois heures du matin, je monte sur le pont pour voir les étoiles; les nuits précédentes, les nuages couvraient le firmament. J'aperçois à l'horizon la Croix du sud, constellation de l'hémisphère australe; c'est la première fois que je la vois; me sera-t-il donné de la revoir encore?

A sept heures, je reviens à terre, et à huit heures j'entends la messe; le sermon est en *malais*.

L'Eglise est vaste et presque tous les bancs sont occupés; je vois des Chinois, des Hindous, des Malais, des Portugais. Après la messe, un ménage chinois vient faire baptiser un bébé; un ménage malais arrive dans le même but. Je passe, au retour, devant l'établissement des Sœurs de Saint-Maur. Les bonnes sœurs me donnent un gros fruit de l'arbre à pain et m'expliquent la manière de le préparer : ôter l'écorce et l'intérieur, tailler en tranches, laisser une demi-heure dans l'eau et le sel, faire blanchir, puis frire au beurre. Elles me donnent un autre fruit appelé *cœur de bœuf* parce qu'il en a la forme; lorsqu'il est mûr, on le mange avec une cuiller; elles me donnent aussi la *buonana*, nom qui, en malais, signifie, le fruit des demoiselles; elles ajoutent un magnifique *ananas*, un popaya, des *noix de bétel*, le *goyave*, espèce de pomme aigrelette, des cannes à sucre, le *blimblim* qui sert à assaisonner le riz, la pomme rose etc; elles me font ainsi une corbeille qui me suivra.

Je revins chez le Père Grenier des Missions Etrangères de Paris; il me parla des frères de la Doctrine chrétienne, qui ont, à côté, une école florissante. Plus loin, à trois milles, les Pères ont le petit séminaire des indigènes Chinois, Japonais, Malais, Hindous : il compte une centaine d'élèves.

Après le déjeuner, le Père m'acompagne au navire et il me quitte, heureux d'avoir été utile à un Français. Sur le navire, les Chinois ont disparu ; il ne reste plus que les Hindous ; je vois dans la cale une quantité de lingots d'étain ; les mines de Perak sont riches et produisent le meilleur étain connu.

A onze heures, le navire est en marche; nous admirons encore les belles forêts de cocotiers.

Lundi 28 *novembre*. Il souffle un vent froid, de grand matin ; il nous pousse rapidement ; peut-être arriverons-nous vendredi, 2 décembre, à Calcutta. Nous longeons les îles *Sayar* couvertes, elles aussi, d'une végétation tropicale ; dans le jour, la chaleur redevient accablante ; je m'endors sur cette feuille de papier.

Jeudi 1er *décembre*. Nous n'avons plus que 160 milles pour arriver à l'embouchure de l'Hoogly et, de là, 120 milles pour rejoindre Calcutta. Nous espérons y débarquer, demain soir.

En remontant vers le Nord, la température devient plus fraîche, mais le thermomètre marque encore 27° centigrades dans ma cabine.

2 *décembre* 1881, 6 *heures du matin*. Nous voici à l'entrée de l'Hoogly ; il a plusieurs lieues de large ; des points de repaire marquent les bancs de sable ; le navire rase une des rives, conduit par un pilote spécial. Bientôt nous serons à Calcutta.

FIN

TABLE

FIN DE LA TABLE

Limoges. — Imp. E. Ardant et Ce.

www.ingramcontent.com/pod-product-compliance
Ingram Content Group UK Ltd.
Pitfield, Milton Keynes, MK11 3LW, UK
UKHW020147200726
13856UKWH00003B/877